JN012735

なぜ、「あんな男」ばかりがリーダーになるのか

傲慢と過信が評価される組織心理

WHY DO SO MANY INCOMPETENT MEN BECOME LEADERS?
(and how to fix it)

トマス・チャモロ＝プリミュジック
藤井留美 訳

実業之日本社

この本を書くきっかけになった『女性のいない世界—性比不均衡がもたらす恐怖のシナリオ』（講談社刊）の著者マーラ・ビステンドールに捧げる

もくじ CONTENTS

第九章 リーダーの影響力を測る

装丁：川谷デザイン
ＤＴＰ：株式会社千秋社

第一章

なぜ上に立つ人間はそろいもそろって無能なのか

グーグルで「上司は」と入力すると、変換候補がたくさん出てくる。頭が悪い、人づかいが荒い、狭量、無能、怠け者……。世界各国の会社員を対象に行なったギャラップ社の調査でも、直属の上司がいやで会社をやめたという人が七五パーセントもいた。会社員が自主退職する原因のトップだ。そうかと思えば、アメリカ人の六五パーセントが昇給より上司を替えてほしいと考えている。[1] 次がまともな上司とはかぎらないのに、ずいぶん短絡的だ。

無能かどうかは別として、上司のほとんどが男性なのはなぜだろう。人類のおよそ半数は女性だし、先進諸国の多くの大学では女子学生が数でも成績でも男子を上まわっている。上司の少なくとも半分は女性でもおかしくないのに、現実はちがう。上司は男という観念が染みついているせいで、ビジネスリーダーの女性と言われてもすぐに浮かんでこない。アメリカで一〇〇〇人を対象に行なった最近の調査でも、「テクノロジー業界で有名な女性リーダーといえば？」という問いに、九二パーセントが答えられなかった。残り八パーセントも、四分の一が「シリ」「アレクサ」といったＡＩアシスタントを答えていたのだ。[2] 私が女性とリーダーシップについて本を書いていると女性クライアントに話したら、「二冊同時に書いているの？」と皮肉っぽく言われた。それぐらい女性とリーダーシップは結びつかないということだ。これはただの思いこみではなく、数字にはっきり現われている。

Ｓ＆Ｐ５００に入る大企業ともなれば、小さい非上場企業より男女平等へのとりくみに熱心なはずだが、理想的な男女比を実現しているところはお目にかかったことがない。二〇一七年の時点で見ると、権限の大きい役職になるほど女性の割合は減っている。

全社員のうち女性の割合は四四パーセント
係長、課長級の管理職に占める女性の割合は三六パーセント
部長、重役級に占める女性の割合は二五パーセント
役員を務める女性の割合は二〇パーセント

CEOを務める女性の割合は六パーセント[3]

上司のほとんどはロクでもない。そして上司のほとんどは男性である。この二つの事実は関連があるのだろうか。だとすれば、上司に女性がもっと増えれば、無能な上司がのさばる状況は改善できるのでは？　この本ではそんな疑問を掘りさげていく。

私は二〇一三年に『ハーバード・ビジネス・レビュー』に発表した論文で、この疑問を初めて世に投げかけた。標題はそのものずばり「なぜ無能な男ばかりがリーダーになるのか？[4]」である。**女性がリーダーとしての存在感を発揮できていないのは、能力ややる気の問題ではない。男性の無能ぶりを見ぬけない社会の問題だ。**リーダーは男性であるべきという先入観のせいで、欠点がリーダーシップの才能や適性と誤解され、称賛までされる。難ありの性格が、リーダーにふさわしい魅力と解釈されるのだ。あとでくわしく解説するが、たとえば自信過剰や自己陶酔といった特徴はかなりの赤信号だ。しかし世間は「あの人はカリスマ性がある。まさにリーダー向きだ！」と手ばなしでほめる。その結果、ビジネスだけでなく政治の世界でも、重職につく無能な男性がやたらと多くなり、ほんとうに能力のある人――男女問わず――が活躍する機会が失われる。リーダーシップの基準が、あまりにも低すぎる。

『ハーバード・ビジネス・レビュー』に載せた論文は年を追うごとに読者が増え、掲載されてから毎年「よく読まれた記事」にも選ばれている。私がこれまで発表した単行本九冊、三〇〇本の論文のなかで、読者からの反響はいちばん大きい。それは無能なリーダーが身近にいて、そのとばっちりを受けている人がいかに多いかという悲しい現実の反映でもある。会社勤めをしていたら、身のほどを知らず、なぜか自分に満足しきっている上司に痛い目にあわされた経験があるはずだ。彼らは自信たっぷりで、周囲をいらつかせ、自分の才能に畏怖の念すら抱いている。ある意味自分が大好きでたまらないのだ。

こうした欠点を持つ上司が出世できないかというと、むしろ逆。彼らは男性であることが多く、女性の部下に対しても男性と同じ決まりきったアドバイスをする。自分を信じろ、まわりの目を気にするな。**なかでも私が好きなのは「自分らしくあれ」というものだ――だが、そもそも自分以外の何になれるというのだろう。**

トップに女性を据える企業が増えてきたことは、社会と経済が成熟してきた証拠だろう。先進諸国の大企業はどこも多様性を重視しているし、なかでも性差別の解消には神経をとがらせる。[5] ただ企業の対応は、女性も男性と同じようにやれることを前提として、男性に追いつくことを支援するのが基本路線だ。しかし世のリーダーたちの多くが組織に害をおよぼしている現状で、その目標は有効で論理的だろうか？　リーダーの地位をキャリアの輝かしい目標とか、上をめざしてがんばったごほうびとしてとらえるのではなく、リーダーシップは組織の資源であることを思いだすべきだろう。従業員がやる気になり、成果をあげて初めて価値がある。それを考えると、**女性の数を単純に増やすのではなく、リーダーシップの基準を引きあげることが先決だ**。

どこの国でも、社員は上司に苦労させられっぱなしだ。学べることはないし、不信感がふくらんで意欲は萎えるばかり。トップに立つ人間を世間はもてはやすけれど、下で働く者の本音はちがうことが多い。

このことはデータからも明らかだ。人事その他の管理職一万四〇〇〇人以上を対象に行なった二〇一一年の調査では、いまの上司を前向きに評価する人は二六パーセント、将来の指導者が有望だと考える人はわずか一八パーセントだった。[6]上級管理職が自分の後継者に向ける目も厳しい。リーダーの素質を見いだし、育てあげて、質を維持する能力管理プログラムに関しても、うまく機能し、問題点を把握できていると自信を持って答えた経営陣は二〇パーセントに満たないのだ。[7]この本では会社組織を中心に話を進めるが、政治指導者、つまり政府高官や国家元首にしても似たりよったりで、指導者のせいで国が誤った方向に進んでいると考える人は全体の六〇パーセントにのぼる。[8]

トップをめざす女性の道はあちこちに障壁が立ちはだかり、見あげれば分厚いガラスの天井ものしかかる。だがリーダーやその資質について掘りさげていくうちに、私は考えが変わってきた。ほんとうの問題は、無能な男性に障壁がなさすぎることではないか。

これからくわしく見ていくが、リーダーシップがあると見なされる行動や態度――たとえば過剰なまでの自信――は、実は「ダメリーダー」の特徴であることが多い。しかもそのような行動や態度は、平均すると女性より男性に頻繁に出現する。その結果、**男性は無能であるがゆえに出世し、女性は有能であるがゆえに足をひっぱられる**という病的にねじれたシステムができあがる。いまのリーダー評価基準は欠陥だらけだ。個人のキャリアがどうこうではなく、活躍するしないを正しく予測できる有効な基準に置きかえなくてはならない。リーダーを正しく選定できるようになれば、女性だけでなくすべての人にとって恩恵となるはずだ。

ダメなリーダーが招く結末

アルゼンチンの首都ブエノスアイレスに、ビリャ・フロイトと呼ばれる界隈がある。人口ひとり当たりの精神分析医の数は世界でも指おりだ。バーやカフェの店名も「エディプス・コンプレックス」「アンコンシャス」とフロイトにひっかけており、精神分析をする人、受ける人、あるいはその両方が住民の大部分を占めている。精神分析医と患者がたえず供給され、拡大していく宇宙だ。精神分析医がひとり増えるごとに、別の精神分析医の患者もひとり増えるという、不健全な逆ピラミッド構造ができあがっていて、季節を問わず需要も供給もさかんだ。

私はそんなビリャ・フロイトで育った。ここではうちの犬にもかかりつけの精神分析医がいた。もっとも治療が必要なのは犬ではなく飼い主一家であり、それは私にもはっきりわかった——きっと犬もわかっていたはずだ。ともかく私が進む道を決めるとき、選択肢はほとんどなかった。心理学者になるしかない。

私がリーダーシップ、とくに問題の多い指導者に興味を持つようになったのは、アルゼンチンで生まれ育ったことが関係している。一〇〇年前のアルゼンチンは未来が輝いていた。国民ひとり当たりのGDPがフランスやドイツより高く、無限の可能性が広がっていた。ところがその後は転落の一途で、いまや世界でも落ち目の国のひとつだ。最大の理由？　それはダメな指導者しか出てこなかったから。私は思った。賢くて教養豊かな人びとが、過去の失敗から何も学ぼうとせず、選挙のたびに破滅的な指導者しか選ばないのはなぜだろう？　合理的な精神を持ち、国にとって最善の道をよく理解している人びとに選ばれた指導者が、押しだけは強い詐欺師まがいで、できもしない約束をちらつかせて悪策を実行し、私腹をこやすのはなぜか。私はそんな状況に失望して祖国を出るとき、有害なリーダーシップを理解し、是正するために力を尽くそうと決心したのだった。

そしていま、私は心理学者としてリーダーシップのありかたを研究し、実践している。組織が無能なリーダーを選ぶのを防ぎ、いまいる無能なリーダーの悪影響をなるべく減らすのが主な仕事だ。成功すれば、組織も人もはかりしれない恩恵が受けられる。けれども失敗したら……アルゼンチンになる。

ダメリーダーは部下の働く意欲に水を差し、仕事の意義や目的を失わせる。国際的な調査でも、仕事に本気を出せないと答えた従業員は実に七〇パーセントに達しており、そのうち上司に好感を持っていた人はたったの四パーセントだった。[9]やはり優れたリーダーというのは例外的な存在なのだ。

仕事に本気を出せないと生産性が低下し、アメリカだけで約五〇〇〇億ドル（約五五兆円）というとんでもない損失を引きおこす。[10] これでも控えめな数字かもしれない。調査対象は大規模な多国籍企業で、従業員から仕事への本音を聞きだし、対処するために金も時間も費やせるところだからだ。世界全体の平均で見たら、さらに悲惨な損失額になりそうだ。

仕事への意欲喪失は生産性の低下だけでなく、離職率も押しあげる。人の入れかわりが激しいと、よけいにコストがかかり、組織の雰囲気も悪くなる。新人を採用し、訓練するのに時間と人手がとられて、本業の生産性も下がる。従業員の年間給与の一〇〜三〇パーセントに相当する金額が、新規採用コストに流れていると言われているが、この割合は管理職クラスになるともっと高くなる。管理職の人材紹介会社は、年間給与のおおよそ三割を報酬として受けとることが多いからだ。そのいっぽうで、離職率の高さよりもっと悪いシナリオが存在する。それはやる気のない従業員が居すわって仕事の効率を下げ、部下をいじめ、規則を曲げ、不正を働くことだ。

ダメリーダー問題を解決する

くわしくは後述するが、リーダーの立場に置かれると、女性のほうがおおむね男性より優れた成果をあげる（第五章参照）。ノースウェスタン大学のアリス・イーグリー教授を中心とする研究グループが、リーダーシップと性差を扱った四五件の研究を精査したところ、チームや組織内で好ましい変化を推進できるのは女性であり、女性を登用するリーダーシップ戦略は効果的であることがわかった。[11] 女性リーダーは自分の考えを部下に的確に伝えることができる。部下はリーダーを尊敬し、誇りに思う。部下を導き、権限を与え、問題が起きても柔軟かつ独創的に解決できる。評価が公正で客観的。対して男性リーダーは部下とのつながりが希薄で、実際の仕事ぶりをきちんと見ようとしない。自分のキャリアが優先で、部下を伸ばそうとする意欲に欠ける。[12]

小さなちがいのように見えるが、イーグリーの研究は次のように結論づけている。**「リーダーシップの諸要素のうち、女性が男性を上まわっている部分はリーダーの資質を高めているのに対し、男性が上まわっている部分は、指導力に無関係か、マイナスに働いている」** つまりリーダーシップの性差は些細だが重要で、はっきりした傾向がある。女性ならではの特徴を発揮できれば良いリーダー、男性ならではの特徴を出すのはダメリーダーということだ。

　もちろんこの結果には、いわゆるサンプリングバイアスがかかっている可能性もある。リーダーの地位を獲得するための条件は、男性より女性のほうが厳しい。女性リーダーが男性より有能という結果は、それだけ女性が難しい挑戦を乗りこえてきたからかもしれない。女性リーダーになるのはハードルが不当に高いと指摘されるゆえんだが、むしろ私は逆で、男性リーダーの基準が低すぎると考える。**優秀なリーダーを選ぶのなら、男性に対しても女性並みにハードルを高くするべきなのだ。**

　就職活動でも、女性は面接までたどりつけないことが多い。スキッドモア大学の研究者が、この傾向を単純な実験で確かめた。中身がまったく同じ二通の履歴書を、名前だけジェニファーまたはジョンにして企業に送ったところ、ジョンのほうが優秀と判断されたようで、提示された年俸も約四〇〇〇〇ドル（約四四万円）高かった。[13]

　こうした傾向が災いして、女性はリーダーの地位を得るのに時間がかかる。フォーチュン一〇〇〇社のCEOを調べると、女性の割合はわずか六パーセントで、しかもCEOになるまでの期間が男性より三〇パーセント長い。したがって平均年齢も、女性のほうが四歳上になる。[14]

女性が優秀なリーダーになれるのなら、女性リーダーがたくさんいても当然では？　そんな声が聞こえてきそうだが、これは愚問だ。女性が優秀なリーダーになれるのは、そもそもリーダーになることが至難のわざだからだ。

有能な女性が足をひっぱられている隙に、無能な男性が浮上してまんまとリーダーの座におさまる。これは単純なジェンダーバイアスではなく、リーダーシップに対する社会の思いこみが現実とかけ離れているためだ。**リーダーに選ばれやすい性格や行動と、リーダーシップを果たすために必要な資質や技能とのあいだには、天と地ほどの開きがある。**

リーダーシップを発揮することVSリーダーに選ばれること

ジュスティーヌ（仮名）は頭の回転が速く、好奇心旺盛なベルギー人女性だ。大きな非政府組織で上級財務役員を一五年間務めてきた。つねに期待を上まわる働きぶりで、組織にとっても貴重な人材だったが、自分を売りこむことをしない。人脈を広げたり、上にとりいったりするかわりに、仕事に力を注ぎ、その結果で実力を示した。新しいプロジェクトが立ちあがるときは、成果を出せると確信が持てれば自発的に手を挙げて参加した。

そんなジュスティーヌだから、多くの同僚が先に昇進するのを見おくってきた。自分より力不足の者も、自信にあふれた態度と自己主張で熱心に売りこみ、リーダーの座を獲得した。だが彼らは昇進してからもジュスティーヌ頼みで、彼女の静かで堅実な働きが能力のなさを隠してくれた。

ジュスティーヌのような人は、誰しも心あたりがあるはずだ。男女に関係なく、自分はジュスティーヌみたいと思う人もいるだろう。彼女は例外ではなく、むしろどこにでもいる存在だ。同僚より先んじることに熱心な者は、往々にして上司にとりたてられる。たとえ組織への貢献度がゼロに近くてもだ。

スチュワートの話も、そんな現実を物語っている。かつて私のクライアントだった男性だが、ここでは仮名で登場してもらおう。ＰＲ畑で活躍してきた彼は、シリコンバレーの大手企業に引きぬかれ、外部コミュニケーションの部署を率いることになった。スチュワートのことをインターネットで調べれば、その経歴、豊富な人脈、華やかな活動に感心する。フォーチュン一〇〇の企業三社で管理職を務め、ＴＥＤで話したことも二度あり、ソーシャルメディアのフォロワーは数千人にのぼる。ただしこれらは、スチュワートのリーダーとしての資質を裏づけるものではない。むしろ実際に彼の下で働いていた人間にたずねたら、スチュワートはリーダーとしての存在感がゼロで、管理能力もお寒いものだったと証言するはずだ。それでも、良い印象を与えることに時間の大半を費やしてきたおかげで、外部からはリーダーにふさわしい人材と見られている。さらに彼は面接でも、カリスマ性があって意欲あふれる人物像を演出することができる。リーダーの適性は面接で評価されることが多いので、スチュワートは怖いものなしだ。部下になる人間にとっては災難だが。

スチュワートのように自己中心的、自己愛的で、立派な肩書を持つ人間は、集団内で指導者に選ばれ、資源と権限を一手に握る傾向がある。しかもこうした特徴は、女性より男性によく見られる。[15]

このうち前半の傾向、つまり**「悪いやつほど競争に勝ってしまう」**現象について、フロイトは次のように説明している。リーダーは、集団の構成員がそれぞれの自己愛を別の人間の自己愛に置きかえるときに出現する。つまりリーダーへの支持は、無意識レベルでの自己愛なのである。リーダー自身の自己愛が強いと、周囲の人間によるこうした投影がよく起きる。「自己愛の一部を放棄した者は、他者の自己愛に強く引きつけられる……まるで、その至福の精神状態をうらやんでいるかのように」[16]政治やビジネスの世界で、強烈な自己愛の持ち主がのしあがっていくのはまさにそれだ。社会には、自分の弱さを顧みない者——多くは男性——をリーダーと見なす暗黙の固定観念ができあがっている。たとえ能力が期待はずれでも、私たちはそんな人間にはどこまでも寛容だ。

皮肉なことに、人をリーダーへと押しあげるこうした心理的傾向は、リーダーを失墜させる原因にもなる。地位を得る人が、その地位にふさわしい仕事をやれるとはかぎらない。

それなのに、女性をリーダーにもっと登用すべきという議論になると、野心をぎらつかせた男性リーダーのコピーをもっとつくろうという話に終始する。だが、使えないとわかっているお手本を女性たちに押しつけていいのだろうか。

この本の流れ

ダメリーダーが生まれる要因を明らかにして、良いリーダーの育成に役だてる。それがこの本のねらいだ。リーダーと聞いて思いうかべる特徴は、優秀なリーダーに必要な資質と同じではない。そのことを明確に理解すれば、質の低いリーダーを蔓延させる選定基準を一掃できるはずだ。悪い芽は見つけたらすぐ摘まなくては。

第二章では、ダメリーダー蔓延の最大の原因をとりあげる。それはリーダーシップの適性を評価するときに、自信と実力を区別できないことだ。

第三章では自己愛に着目する。自己愛の強い人間がリーダーとして頭角を現わす理由を探り、自己愛がリーダーの資質や男女の偏りにどう影響をおよぼすのかを見ていく。

第四章でとりあげるのはカリスマ神話だ。カリスマ性は、相手の魅力や好感度から導きだされる主観的な推論にすぎないのに、リーダーシップに不可欠な要素として過大評価されやすい。

第五章ではリーダーシップと女性の優位性について論じる。女性は感情知能と共感能力が高く、自己抑制がきき、変革的リーダーシップを発揮できる傾向にある。

第六章は、男女問わずリーダーが正しく役目を果たすための資質を見ていく。優れたリーダーシップのお手本はたくさんあるが、注目されるのは専門知識、知性、好奇心といったひと握りの要素ばかりだ。

第七章は、リーダーの適性評価の方法を紹介する。組織が直感頼みのやりかたを脱却して、より良いリーダーを選定するには、データ主体のツールを活用するべきだ。**第八章**はリーダー向けのコーチングと能力開発法を検討する。すでに多くの組織がそのために多くの時間と資金を投じているが、残念ながら満足できる成果は得られていない。**第九章**では全体を総括して、私自身が過去の経験から得た教訓を紹介するとともに、性別にとらわれずに多様性を追求する意義を考える。

この本を通じて、性別とリーダーシップにまつわる思いこみが少しでも薄まり、色眼鏡をはずす人が増えることが私の願いだ。だが、疑念が浮かぶのもまた健全な証拠。女性の活躍をうながす本はすでにたくさんあるが、この本の提案は少々趣が異なる。「上のステージをめざそう」「一歩を踏みだす」「自信を持って」「自信はあとからついてくる」と叱咤激励するわけではない。

女性とリーダーシップの問題は、これまでまとまりがなく、進展も遅かった。そろそろ分析の視点を変え、新しい角度からとりくんでもいいころだ。

第二章

自信家は有能に見える

シルパとライアンはグローバルに展開する会計事務所の社員だ。シルパのほうが能力も経験も上で、在職年数も五年ちがうが、二人の給与は変わらない。ライアンは就職面接での印象がとても良かったため、いきなりシルパと同等の役職で採用された。それも不思議はない。ライアンはチーム内でも、プレゼンテーションでも、人脈づくりのイベントでも、とにかく押しだしが強いのだ。

ライアンはよくしゃべるし、声も大きい。ほかの人が話していても、それをさえぎって自分の考えを話したがる。自信たっぷりで、断定するように主張を展開するから、上司からは「自分の考えがしっかりまとまっている」と評価される。クライアントに提案を行なうとき、終始しゃべっているのはライアンだ。質問されると、シルパは複数の選択肢を示して問題を掘りさげ、議論を深めようとする。うまく対応できないときは素直に認めて謝る。いっぽうライアンの提案は一択だ。知らないことを質問されても巧みにはぐらかす。

上司はシルパが自信に欠け、能力も劣ると判断する。そしてライアンを管理職に昇進させるが、シルパはそのままだ。

世界中どこにでも転がっている話だ。自信たっぷりの態度や行動は、リーダーにふさわしいと見なされる。たとえば——

事業主向け月刊誌『インク・ドット・コム』にはこんな文章がある。**「リーダーシップは自信という土台から育つ。自信のないところにリーダーシップはありえない」**[1]

経済誌『フォーブス』によると、**「自信はリーダーのいちばんの親友」**だという。[2]

ビジネスニュースサイト『クオーツ』には、**内向的な人間でも自信がつけばリーダーになれる**と書いてあった。[3]

バージン・グループの共同創設者リチャード・ブランソンは、**「世界を支配し、世界を**

良くすることができた秘密は自信だ」と述べている。[4]

『アントレプレナーマガジン』はこう焚きつける。**「自分を信じられずに大成功をおさめた人間なんていない。スティーブ・ジョブズ、マーティン・ルーサー・キング・ジュニア、マイケル・ジョーダン、イーロン・マスク、マーク・キューバンは、みんな自分に自信を持つことで大成功をおさめた」**[5]

（たしかに彼らは成功したが、自信があっても成功しなかった人のほうが圧倒的に多いはずだ）

女性リーダーのための「能力開発」プログラムで、ジェンダーとリーダーシップについて講演をしたときのことだ。私はまず、世界各国から集まったエグゼクティブたちを対象に、こんな質問をした――科学的に見て、リーダーシップに最も重要な要素は何だと思いますか？　個人的、主観的な意見ではなく、客観的な証拠や知識で答えてもらう問いだ。選択肢は専門知識、知性、勤勉、人脈、運、そして自信だった。すると実に八〇パーセントが、さほど重要でない「自信」と答えたのだ。

ここでは二つの問題をとりあげる。ひとつは自信と能力の関係。自信満々な人は能力もあるはずと思われがちだが、両者には何の関係もない。もうひとつは性差と自信に関する俗説が、ほんとうはどんな意味を持っているのか探っていく。

能力と自信はイコールではない

あなたは自分をどれほどの人間だと思っている？　ずばぬけた人物であれば、実績がそのまま自信に直結する。たとえばロジャー・フェデラー。男子テニス界で最も偉大な選手のひとりであり、ウィンブルドンでは八回も優勝している。ＢＢＣの記者に成功の秘密はと質問されて、フェデラーは自信を持ち、自分を信じることだと答えた。ほんとに？　磨きぬかれたテニスのテクニックは関係ないと？

フェデラー並みの自信を持つ人間はめずらしくない。ただあいにく才能はないことが多い。フェデラーの輝かしい業績は、自信ではなく比類ない才能によるものだ。もしどちらかを与えると言われたら、私なら才能をもらう。才能は自信につながるが、逆はそうともかぎらないからだ。タクシーに乗るときや心臓手術を受けるときは、自信ではなく能力が高い人にお願いしたい。上司もしかり。

能力とは、どれだけ優れているかということ。自信は、どれだけ優れていると思っているかだ。能力は「それをやれる」ことであり、自信は「それをやれるはず」という信念だ。自己評価と言ってもいい。対象は習得技術（歌う、キスをする、エベレストに登る、人を管理する）から、性格（頭がいい、人に好かれる、忍耐づよい、創造力がある）まで幅ひろい。自信のあるなしは自尊心に多大な影響をおよぼすが、その内容が重要であればあるほど、自己イメージにもくっきり投影される。ただし自分にとって重要で、さらに社会的にも価値がないと、なかなか自信につながらない。ジャスティン・ビーバーの曲が全部わかっても、さほど大きな自信にはならない。反対に古アイスランド語を話せないからといって、落ちこむこともないだろう。でも登山家にとっては、自分がエベレストに登れる（と思う）かどうかは、自己イメージを大きく左右する。

自信と能力は、本来なら一致してしかるべきだ。ベン図で表現するなら、二つの円がぴったり重なった状態だ。ところが現実にはそんなことはめったになく、ベン図で描けば二つの円は端っこのほうがちょっぴり重なるだけだ。

自信がほんとうに能力を反映しているかどうかは、実際に能力を見てみないとわからない。いくら「私は○○が得意です」と言われても、過大評価かもしれないし、嘘かもしれない。

自分がどれだけ優秀だと思っているか（自信）と、実際にどれだけ優秀か（能力）を比較する研究は数多く行なわれている。たとえばドイツのアレクサンダー・フロイトとナディーン・カステンは、過去の四一件の研究結果をもとに、計二万人以上が自己申告した知能指数と、知能テストの結果を比較した。[6]その結果、**自分が賢いと思っていて、ほんとうに賢い人は全体の一〇パーセントに満たないことがわかった**。学業や音楽の才能、社交性といったほかの能力でもこの傾向は変わらない。

自信過剰がはびこっている

たいていの人が自分の技能や才能を過大評価している。どんな分野であっても、私たちは実力以上に自分が優秀だと思うものなのだ。それを裏づける研究も昔からたくさんある。[7]

あなたの運転技術は平均より上ですか？　そう質問されれば、多くの人は「はい」と答える。ほとんどの人が平均より上になることは統計的にありえないわけで、つまりみんな過大評価なのである。

車の運転だけではない。料理、ユーモア感覚、そしてリーダーシップなどありとあらゆる領域で、ほとんどの人は平均の範囲内なのに、自分ではそれ以上だと思っている。仕事でも同じ。だから悪い評価を素直に受けいれることができない。たとえ、できた上司が率直で建設的な批評をしてくれたとしてもだ。[8]

心理学者であり、行動経済学の先駆者としてノーベル経済学賞も授与されたダニエル・カーネマンは、自らの研究をこうまとめている——人は自分の意見、印象、判断に過剰な自信を持つ。結局はそれに尽きるのだという。カーネマンたちは、直感頼みの思考の危うさをあぶりだすため、被験者にこんなひっかけ問題を出した。

バットとボールの値段は合わせて一ドル一〇セント。
バットの値段はボールより一ドル高い。
ではボールの値段はいくら?

かんたんな問題だが、直感で答えるとたいてい不正解になる。ハーバード大学、プリンストン大学、MITの学生でも、半数は一〇セントと答えた。[9] 正解は五セント。一流大学に行かなくても計算ですぐ出せるはずだが、直感に自信がありすぎるとわざわざ答えを確かめない。こんなひっかけ問題でさえ、自分の論理を振りかえることをしないのだから、その場で臨機応変に対処する人づきあいともなると、完全にお手あげだ。

自分がどれだけ優れているかという自己認識は、才能に合わせて高まる傾向がある。ただし自己認識能力に関しては、専門家でもずぶの素人でもほとんど変わりない。[10] **無能な人間が自分の才能をかんちがいして、周囲と肩を並べていると壮大な誤解をすることもあれば、優秀な人間は自分をつねに疑い、自己批判を怠らない。**

ある調査では、文法と論理、ユーモアのテストで下位二五パーセンタイルの学生が、自己評価では六〇パーセンタイルより上位に自分を位置づけていた。[11] いっぽう八七パーセンタイルより上の成績上位者は、七〇〜七五パーセンタイルという正反対の自己評価だった。

つまり多くを知れば知るほど、自分が知っていることと知らないことを強く意識するのだ。専門知識を身につけると自己認識も鋭くなって、自分の限界もはっきり見えてくる。反対に知識のない者ほど自分の限界に鈍感で、自信過剰になりやすい。イギリスの数学者・哲学者で、ノーベル文学賞も受賞したバートランド・ラッセルが、ナチスドイツの台頭を非難する小論でこう嘆いたのは有名だ。**「そもそも現代の世界では愚者ほどうぬぼれが強く、知性を有する者は疑念にとらわれていることが根本的な問題だ[12]」**

なぜ自信過剰がはびこるのかというと、何か利点があるからだ。もちろん裏を返せば逆効果の要素もひそんでいるが。では自信過剰になる利点とは？ 自尊心を押しあげて、高いところに保ってくれる。自分に満足したい欲求は、一芸に秀でたいとか、現実を正確に把握したい欲求よりはるかに強烈だ。だから自信過剰な人間は仕事ができないことが明白であるにもかかわらず、本人は自尊心を高く保っていられる[13]。それで能力が向上するわけではないが、自分を美化せずにはいられないのが人間の性《さが》[14]だ。過去数百件の研究を調べた大がかりなメタ分析研究では、人間は自分に都合よく解釈したがる傾向があることが判明した。たとえばこんな感じだ。

昇進試験に挑戦したが、不合格だった。そのときあなたは？

（a）力不足だったとあきらめる。

（b）試験のやりかたが不公正だと憤る。

気になる相手とデートをしたが、その後連絡がとれなくなった。そのときあなたは？

（a）相性が合わなかったんだなと思う。

（b）見た目はいまいちだし、そんなに興味はなかったと決めつける。

ちょっと買い物に出た先で駐車違反のステッカーを貼られた。そのときあなたは？

（a）停めた自分が悪いとおとなしく非を認める。

（b）せこく金を巻きあげやがってと警察をなじる。

思ってもみないところでリーダーに抜擢された。そのときあなたは？

（a）上司が実力以上に評価してくれて幸運だったと思う。

（b）自分は才能があるから当然だと思う。

ほとんど予告もなく会社をクビになった。そのときあなたは？
（a）同じ失敗を繰りかえさないよう、冷静に理由をたずねる。
（b）なぜ不当な判断がされたのか必死に考えて犯人探しをする。
ボーナスが予想より少なかった。そのときあなたは？
（a）自分で思うほど会社に貢献できていなかったと考える。
（b）評価がおかしいと怒りだす。

すでにおわかりのように、たいていの人の反応は（a）ではなく（b）だ。自分はちがうと否定する人も、おそらく例外ではない。なぜなら自信過剰は、拒絶を受けて自分の立場が脅かされたときに、自己イメージを保つ最善の方法だからだ。厳しい現実を受けとめるよりも、自尊心を高めて乗りきるほうがいいに決まっている。

自信過剰が蔓延するもうひとつの理由は、他者を効果的にだませるからだ。[15] 実際より優れた自分を周囲に納得させるには、まず自分自身が納得する必要がある。

そのため**自信過剰は自己達成の効果をもたらすこともある**。リーダーになったことで、周囲が実力を過大評価し、熱心に働いてくれる。それが好循環となって成功が実現するのだ。ある調査では、ほどよく自信過剰なＣＥＯのほうが取引業者や投資家に受けがよく、従業員の離職率も低いという結果が出ている。[16] 自信過剰な人間が放つ成功と無敵のオーラが、周囲に「あの人は成功しそうだ」と思わせて、ほんとうに成功を呼んでしまうのだ。印象が現実を創造するのである。

そうだとすれば自信過剰は良いことであり、誰もが成功を思いえがけば実現するということ？　まるで自己啓発講座のようだが、残念ながらそうではない。

自信たっぷりな態度は、実力をかさあげして見せるうえで効果的だが、本人までだまされるという重大な欠点がある。交通量の多い交差点を渡るとき、難しい仕事に名乗りをあげるとき、オーディション番組〈アメリカズ・ゴット・タレント〉に挑戦するときは、自分の実力を過信しないほうがいい。心理学者Ｃ・ランダル・コルビンとジャック・ブロックの言葉を借りれば、「目の前に現実があり、その現実と自分との関係を正確に把握しないと、物理的、社会的に適応できないとき」には、自信過剰は危険ということだ。[17]

電気ドリルを構えてあなたの口をのぞきこむ歯医者、あなたがこれから乗りこむ飛行機のパイロット、資産づくりのプランを練るファイナンシャルプランナーに、自信と能力のどちらかが欠けているとしたら？　有能なのに自信がない人は準備に時間をかけ、行動も慎重で、隠れたリスクや障害を敏感に察知するので、最終的に優れた実績を残す。いっぽう無能なのに自信がある人は、真実が周囲にバレないことが先決だ。自信のあるそぶりで一部の人を最初から最後までだますか、全員を一時的にだまして、とりあえずは有利にことを運んだとしても、実際の成果となると力のなさが露呈する。おそらくあなたもこのどちらかだ。前述したように、**自信と能力をあわせもつ人は全体の一割しかいない**。

自信過剰がいちばん露骨に出るのが車の運転だ。しらふと言いはってハンドルを握るのも、踏切を間一髪で突破できると思うのも、メールしながら運転するのも、自信過剰だからだ。二〇一八年、全米自動車協会が成人一〇〇〇人を対象に実施した調査では、男性の七九パーセント、女性の六八パーセントが自分の運転は平均以上と回答していた。[18] ちなみに二〇一七年のアメリカ国内で発生した自動車事故の死者数は四万人強。[19] 私たちが運転能力の過信をやめたら、もっと安全に暮らせるはずなのだが。

男と女、それは自信の表と裏

能力が劣っていることが明らかでも、自信がありそうな人はそれだけで扉が開かれ、機会が与えられることがある。キャリアを磨いて成功したい女性に「もっと自信を持ちなさい」とアドバイスするのもそのためだろう。もちろん良かれと思って助言するわけだが、そこには問題もある。

自信には表と裏がある。自信は自分の内面で信じることだが、外に向けてどこまできっぱり表明するかも重要な要素だ。しばしば実力と誤解されてしまうのは、この外面のほうだ。

最初に登場したライアンとシルパの例で見てみよう。ライアンはシルパより自信があるように見えるが、ほんとうのところは誰にもわからない。もしかすると、荒れくるう不安感を必死に押しかくしているのかもしれない。クライアントからどんな質問をされても、ライアンは知らないとはぜったいに答えない。できない人間と思われたくないからだ。知らないことは知らないと素直に認めるシルパのほうが、確固たる自信を内面に持っているとも言える。だが他人からは、シルパははっきりしない人間に見えてしまう。

内面に関係なく、自信があるような印象を与えさえすれば、能力がある人と思ってもらえる。見こみちがいが明らかになるまでは。

外面的な自信と能力の結びつきは重要だ。女性は男性にくらべて自信がないと思われている。女性は自信がなさそうな印象を与えるという研究結果もあるが、内容をよく読むと、女性も内面ではちゃんと自信を持っていることがわかる。要するに女性も男性も自信過剰で、ただ男性のほうが度合いが強いだけなのである。

ハーバード・ビジネス・スクールのロビン・エリーとジョージタウン大学のキャサリン・ティンズリーは『ハーバード・ビジネス・レビュー』への寄稿で、女性が自信に欠けるというのは「誤信」だと述べている。

女性は会議での発言が少ない。一〇〇パーセント成功するという確信が持てないと昇進に名乗りをあげない。その理由を説明するのに、女性は自信がないという主張が持ちだされる。しかし女性が男性より自信に欠けるかどうかは、まだ立証されていない。二〇〇件以上の研究を分析したクリステン・クリングらは、顕著な差異があったのは思春期だけで、二三歳以降は男女差はないに等しいと結論づけた。[20]

ヨーロッパの研究者チームが技師数百名を対象に行なった調査でも、女性は概して自信を持っているという結果になり、クリングの結論を裏づけていた。[21] ただし女性の自信は他者から気づかれにくい。女性と男性が同じぐらい自信を感じていても、男性のほうが自信がありそうと評価されるのだ。女性が自己申告する自信の度合いは、第三者の印象とは相関していなかった。

さらに残念なのは、自信がある女性技師でも管理職は皆無だったことだ。男性ならば、自信がありそうなだけで指導力があると思ってもらえるが、女性はちがう。**女性が組織内で評価されるには、自信があって、能力も高くて、そのうえ気配りができなければいけない。三つのうちどれが欠けてもだめだ。**しかし男性は自信がありさえすれば組織の覚えがめでたく、気配りの有無はリーダーとしての資質にまったく関係ない。

そのうえ自信満々の女性は社会に容認されない傾向もある。そうなると女性は八方ふさがりだ。[22] もともと自信がなさそうに見えるうえに、自信だけでなくほかの条件も満たさなければならない。男まさりの自信を出すと、型にはまった女性像からはずれるので敬遠されてしまう。

女性は自信が足りないわけではない。だとしたら、なぜ男性と女性で与える印象がちがうのか。なぜ女性は一〇〇パーセントの確信がないと、就職も昇進も二の足を踏むのだろう。なぜ女性は会議で消極的で、どっちに転んでも損のない発言しかしないのか。

もしその答えが女性の内面にないとしたら、周囲の受けとめかたの問題だろう。つまり男女の行動差は根本的な性差ではなく、男女の扱われかたのちがいから来ている。女性は役に立つ意見を返してもらえることが少なく、失敗すれば周囲の目が厳しく、いつまでも記憶される。行動や態度が針でつつくように詮索され、重要な情報を教えてもらえない。発言を始めると、途中でさえぎられたり、完全に無視される。[23]

そうだとすれば、絶対的な自信のある女性でも、その行動や態度は男性と異なることが容易に想像できる。エリーとティンズリーがあるバイオテクノロジー企業で観察したところ、女性研究者は会議での発言が極端に少ないのに、一対一で話すと有用な情報をたくさん教えてくれる。上司はそれを自信のなさと受けとめていた、**「しかし女性が会議で発言しても、あとで男性が同じことを言いなおさないと無視されるし、少しでも内容に問題があれば徹底的に叩かれる。これが男性なら、内容に不足があっても価値のあるところだけ拾いあげてもらえる。だから女性は、一一〇パーセント確信が持てないと発言に踏みきれない。頭の切れが重視される職場では、自分の考えが何度も退けられる**

ぐらいなら、黙っていたほうが得策なのだ」。ほんとうに自信もしくは能力がある人間ではなく、**自信があるように見える人間がリーダーに選ばれるがゆえに、世のリーダーは男性、それも能力の低い男性ばかりになってしまうのだ。**

自信過剰は危険がいっぱい

自分を過大評価して、必要以上の自信を持つ傾向は男女ともにある。前述した運転技術の例でも、自分は平均以上と回答した人が半分以上だった。ただしその割合は、男性が女性より一一ポイント高かった。[24]

コロンビア大学のエルネスト・ルーベンらが二〇一二年に行なった研究を紹介しよう。被験者は男女ともに数学の課題を解く能力を過大評価していたが、男性の評価が約三〇パーセント増しだったのに対し、女性は一五パーセントだけだった。[25] 続いて被験者をチーム分けして代表者を選ばせ、数学の問題を競争で解いてもらう。勝てばチーム全員に賞金が出るので、能力の高い人間を代表にすることが重要だ。ここでルーベンらは一部のチームに対して、代表者は勝敗に関係なくボーナスを支給することにした。これらのチームの被験者は、われこそは代表者になってボーナスをもらおうと自己評価をふくらませる。なかでも男性は誇張の度合いが大きく、代表者に選ばれることが多かった。代表者に選ばれる女性は、能力レベルから予想されるより三〇パーセントも少なかった。

自信過剰でおいしい思いをするのは本人だけで、下の人間には何の得にもならない。そのことがわかっていながら、私たちは自信たっぷりの人間を求め、自信を前面に出せばそれだけで有利だと思ってしまう。

なぜ男性は自信過剰になりやすいのか。進化の歴史に深く刻まれた理由があるのかもしれないが、話はもっと単純だ。男性は欠点があっても許されるし、長所は割り増ししてもらえる。そのため自分のことを正確にとらえるのが難しい。自信過剰は社会的な特権がつくりだした当然の結果なのである。

リーダーの自信過剰は利点がないでもない。自己達成的に成果を出せることもある。だが問題のほうがはるかに多く、周囲は振りまわされる。イギリスの元首相デビッド・キャメロンがいい例だ。EU離脱の是非を問う国民投票を満を持して実施したところ、離脱支持が過半数に達するまさかの結果になり、イギリスだけでなくヨーロッパ全体の未来を危険にさらしている。国民投票はどうしようもない失敗だった。キャメロンは首相としての働きは優れており、本来なら批判的なはずの政敵からも一定の評価を得ていた。堅調な経済と高い支持率で自信を持った彼は、国民投票をちらつかせれば、同じ保守党内の離脱派を黙らせることができると考えた。残留を強く支持するキャメロンは、国民投票でも負けることはないと高をくくっていたのだ。しかし投票の二年後、キャメロンは政界引退を余儀なくされた。イギリスの行く末はまったく見とおしが立たず、必死に出口を模索している。

自信過剰な決断が最悪な結果を招いた例は、いまに始まったことではない。ナポレオンのモスクワ遠征、ジョン・F・ケネディのピッグス湾事件とベトナム戦争など、過去の指導者も破滅的な過ちを犯している。**自信を持ちすぎた指導者が、適性もなければ準備もしないで新しい挑戦に飛びつくのはいいが、能力不足ゆえに、部下たちの働きや士気はガタ落ちになるのだ。**[26]

自信過剰の指導者が無茶なことをやるのは、否定や反対を受けつけないことも理由のひとつだろう。批判を受けとめて消化するのはたやすいことではないし、厳しすぎる真実を嘘でごまかすこともよくある。ウーバー、アマゾン、ブリッジウォーターのように、「徹底した透明性」を掲げてすべてをさらけだすところもあるとはいえ、真実を伝えるのは賢明ではないし、組織生命が断たれると考える企業が圧倒的に多い。勤務評価から否定的なコメントを排除する動きもあり、デルのクラウドコンピューティング部門であるブイエムウェア、家庭用品のインターネット通販会社ウェイフェア、それにボストン・コンサルティング・グループなどは、社員に好意的なフィードバックしか返さないとも言われている。[27] そうなると従業員は、フィードバックの行間から管理職の本音を読みとることに神経をすりへらさなくてはいけない。

だが批判的な意見から遠ざかっているのは、従業員よりむしろ指導的立場の人間だ。成功して力を持った人間には、かならずお世辞屋が群がってくる——内心は軽蔑していても、甘い言葉ですりよるのだ。だからリーダーは人一倍厳しい自己批判の目を持ち、どんな批判も受けとめてさらに上をめざす覚悟を持たねばならない。上司をいちばん鋭く批判できるのは、ふだんの仕事ぶりに接している直属の部下だ。でもそんなことができる部下は、いったい何人いる？ いてもごくわずかだし、**部下の遠慮ない批判を甘受できる上司は、それだけできわめて優秀なリーダーだ**。現実には、自分の仕事に過剰な自信を抱いているほとんどのリーダー——とくに男性——が、批判的な意見や耳の痛い忠告を聞きいれることはない。ましてや部下からなどもってのほかだ。[28]

反対に自らの弱点を知り、限界を把握している者は、部下の声に耳を傾けるし、改善のために何が必要か理解できる。だが、まずリーダーにならなくては！　自信過剰な人間ばかりがリーダーに選ばれる世界では、自己批判ができて、少しばかり自信がない者こそ求められてしかるべきだろう。でも実際は、上に立つだけの強さや安定感がないと思われて、軽んじられたり、無視されるのが落ちだ。**自分を大きく見せようとしない者ほど、リーダーの素質がある。リーダー養成の経験者なら誰でも知っていることだ。**

自信があることは好ましい特徴だが、それも実力がともなってこそ。往年の名投手ディジー・ディーンや偉大なモハメド・アリが言ったように、「ホラ吹きでもなんでも、やりゃいいんだろ」ということだ。まわりは自信たっぷりの態度を賞賛するが、実際は大したことないとか、自分の実力がわかってないとバレたらそれまでだ。傲慢さが鼻につく知りあいを思いうかべるといい。**自信がないことより、実力以上の自信を持ってしまうほうが問題なのである。**

スポーツや軍隊の世界は別として、リーダーの能力を客観的に評価できるデータはほとんどないのが実情だ。能力を正確に把握しないことには、自信過剰や、その陰に隠れた無能力にも気づくことができない。

第三章

なぜ悪者が勝利するのか？

「あいつは最低の上司だ」と彼は言う。「あんなやつの下で働くのは無理だとわかったよ……新しいアイデアを話してもすぐにケチをつけられて、ばかばかしいとか無意味だとか、果ては時間のむだとまで言われる。それだけならダメ上司だけど、良いアイデアは横どりして、さも自分が思いついたように人に話すんだ」

こんな上司の下で働きたい人はいない。世界を代表するビジネスリーダーにそんな人間がいるとも思えないが、実は冒頭の言葉は、史上最も成功した企業の創設者、スティーブ・ジョブズについて語ったものだ[1]（発言者はアップルでマッキントッシュの開発に携わったジェフ・ラスキンである）。アップル社はアメリカで初めて時価総額一兆ドル（約一一〇兆円）に達したが、ジョブズが二〇一一年に死去してからは大ヒット商品が出ていない。

ジョブズ・パラドックスという謎には、以前から多くの人が頭を悩ませてきた。途方もない夢を描き、どこまでも高い自負心を原動力に全力疾走する完璧主義者。おなじみの黒のタートルネック姿で毎回登場しては、世界をあっと言わせる製品を次々と発表し、誇大妄想とも思える事業構想をぶちあげる。そんなジョブズは野心的なリーダー像そのものだった。彼がアップル社の製品について語れば、従業員や投資家、サプライヤーはみんな「不可能はない」と思ってしまう。それゆえ現実をゆがめるカルト指導者とも評された。ジョブズの極端な性格は、その天才ぶりと表裏一体と見なされてきたのである。

だが**ジョブズのように扱いにくく破天荒なリーダーは、現実にはほとんど成功しない**。難ありの性格で巨万の富を築く者もいるが、成功の要因は本人以外のところにある。ジョブズが特別なのは、自分が創業したアップルを一度は追われたのに、ふたたびＣＥＯとして返り咲いたこともさることながら、成功の度合いがずばぬけている点だ。彼の信奉者は、常識はずれで妥協をいっさい許さない性格が成功の鍵だったと考えるが、奇人変人で現実をたやすくねじ曲げ、大風呂敷を広げる指導者ならいくらでもいる。ただし彼らはスティーブ・ジョブズではなかった。ジョブズ並みの才能がなければ、壮大な夢物語も誇大妄想のままで終わる。

きわめて特殊で印象的な例を一般化したがるのは、私たちの悪い癖だ。アインシュタインは子どものころ勉強があまりできなかったと伝えられるが、だからといって成績の悪い子が長じてかならずノーベル賞をとれるわけではない。ジャズサックスの巨人、ジョン・コルトレーンの音楽はヘロイン中毒がつくりだしたものではない――むしろ音楽的才能があったから、廃人にならずにすんだと言える。難しい性格に利点があるとすれば、組織になじめないところだろう。だから必要に迫られて、あるいは反発して自分で会社をおこす。ただし、そこから世界を席巻する大成功をおさめるかどうかはまた別の話で、それを決めるのは性格ではなく才能だ。

そのいっぽう、「有毒な」性格の持ち主がリーダーになって組織でうまくのしあがり、高い地位を獲得することもある。この章ではその典型例である自己愛とサイコパスをとりあげ、リーダーシップとの関係を探っていこう。この二つの特徴を理解すれば、これまで雑談でぼやくだけだっためんどうくさい上司について、もっとくわしいことがわかってくる。さらに問題を科学的にとらえる枠組みも示していこう。

もちろん自己愛とサイコパスだけで、ダメリーダーにひそむ暗部が説明できるわけではない。それでもこの二つに着目するのは、ダメリーダーにより多く見られる特徴であり、彼らの抱える相反する感情を的確に表わしているからだ。自己愛もサイコパスも非生産的で望ましくない傾向だが、魅力的な性格と共存し、その陰に隠れていることがとても多い。その魅力で本人は順調にキャリアを伸ばしていくが、周囲の人間と組織はかきまわされてたいへんな目にあう。能力もないわけではないが、長い目で見れば破壊力のほうが大きい。

さまざまな調査から割りだすと、上級管理職の四～二〇パーセントはサイコパスで、CEOの五パーセントが自己愛だという。[2] 人口全体に占める割合は、サイコパスも自己愛もせいぜい一パーセントだから、サイコパスは低いほうでくらべても四倍、自己愛は実に五倍になる。

自己愛もサイコパスも男性のほうが多い。人格障害レベルの自己愛は、男性が女性より四割近く多くなる。第二章で触れた男性リーダーの自信過剰もこれで説明できそうだ。サイコパスが出現する割合は男性が女性の三倍だ。

職場の自己愛を見つけだせ

自己愛が強いと評されるのは、いったいどんな人物だろう。[3] 最大の特徴は、現実ばなれした優越感や自己誇大感覚を持っていることだ。虚栄心と自己賛美が強烈で、自分には才能があると妄想している。しかしその根底にある自己イメージはとても不安定だ。自尊心は高くて壊れやすく、たえず承認され、注目されていないと気がすまない。自分を大きく見せているから、外からの賞賛がないとやっていけないのだ。生まれつき謙虚な性格の人間は、内面が不安定になることはまずない。

自己愛の人間は自分中心だ。他人に関心が薄い。共感能力が低いので、自分以外の人間をほんとうに思いやることがない。

高い権利意識を持っていることも自己愛の特徴だ。自分には特権がある、あるいはほかの人間より高い立場にいると言わんばかりにふるまう。「俺がわざわざ昇格試験を受ける必要ある？」「なんでボーナスがこんなに少ないんだ？」「列に並ばなきゃいけないの？」こんな発言からもわかるように、周囲を下に見て傲慢な態度をとり、不当な扱いを受けていると勝手に思いこむ。

心理学では自己愛を発見する方法をいろいろ模索してきたが、なかでもよく用いられるのが自己報告質問票と呼ばれるものだ。「自分は生まれつきのリーダーだ」「自分は周囲のほとんどの人より才能がある」といった質問に、自分がどれぐらい当てはまっているかを1（まったく当てはまらない）から7（よく当てはまっている）までで回答する。そんな質問、どうとでも答えられる？　いや、実はそうではない。インディアナ大学のサラ・コンラスが中心となった最近の研究で、自己愛はたったひとつの質問であぶりだせることがわかった。その質問はこうだ――私はナルシシストだ（注：「ナルシシスト」とは利己的、自己中心的で虚栄心の強い人のこと）。[4]

自己愛の強い回答者は、この質問に「よく当てはまる」と嬉々として答える。コンラスらは信頼性の高い複雑な診断テストも実施して、こうした回答が正確であることを確認した。つまり強烈な自己愛は当人がはっきり意識しており、むしろ誇りに思っているのだ。それだけ臆面もなく、心の底から自分を愛しているのである。

ここまで直球ではないが、自己愛を推測できる方法はある。たとえば企業役員の自己愛は、会社紹介のパンフレットやプレスリリースで、写真の大きさと演出、文中に登場する回数、「私は」「私の」といった一人称の使用頻度から推測できる。[5]

トップのCEOともなれば、報酬額を見るのもひとつの方法だ。自己愛が肥大していれば、それだけ組織のなかで報酬額がずばぬけて高いはず！[6]　最近ではSNSも自己愛発見器になる。フェイスブックに上げる画像が思いきり魅力的でセクシーだったり、やたら自撮りが多かったりすれば、自己愛の立派な証拠だ。[7]

なぜ自己愛はリーダーになるのか

リーダーになる人間には自己愛が多い。正確な数はわからないが、平均よりかなり高い割合を占めていることは複数の研究結果が示している。アメリカ合衆国の歴代大統領を対象にした研究では、自己誇大感覚など自己愛の重要な特徴で大統領の平均を出したところ、全人口の八〇パーセントはそれ以下であることがわかった。[8]そもそも自分が稀有で偉大な人間だと思っていなければ、合衆国大統領なんて夢見たりしない。リーダーになる可能性を予測した別の研究では、性別や自尊心、外向性、好奇心といったほかの要素を考慮しても、自己愛の強さが最大の要因だった。[9]面識のない者どうしを集めてグループをつくる実験でも、リーダーになるのは自己愛タイプだ。いったいなぜ?

自己愛は創造性が豊かな印象を与える。実際にはほかの人と差はないのだが、自分のアイデアを売りこむのがうまい。

さらに自己愛は、自分をどう見せるかに心血を注ぐ。印象操作の名手であり、魅力的で自信たっぷりな自分を演出する（だから能力があると誤解される）。仕事で成功するうえで印象操作は重要だが、[10] 自己愛は全精力を傾けてその技術に磨きをかけ、得意わざにしていく。

その結果、自己愛はリーダーや従業員として組織の中核に根をおろす。自己愛にとっては悪くない立場だが、重要なのはあくまで自身であって組織ではない。会社は自分の才能を正しく評価していないとか、会社より自分のほうがブランドとして上だとかいう不満は、私も一度ならず聞いたことがある――自己愛の決まり文句だ。

上昇志向の強い自己愛は、権力や実績にことさら価値を置く。自己愛かどうかいちばんよくわかるのは、リーダーシップや権威に対する姿勢かもしれない。「私は生まれつき人を動かす才能がある」などと言う者がいたら、まちがいなく自己愛だ。リーダーの地位にある人、権力のある人への関心が半端でないのは、自分もそういう立場になれば優位性を証明できるからだろう。したがって人に使われる役まわりにはいっさい興味を示さない。

自己愛は組織の出世階段を駆けあがりたくてたまらないので、組織内の役職の順位もやたらと気にする。

リーダーとなる人材を探すとき、好待遇や魅力的な肩書、個人のキャリアアップを強く印象づけていると、まちがいなく自己愛が集まってくる。英雄きどりで足元を見ないリーダーを賞賛する体質の組織だとなおのことだ。ゲームの規則をがらりと変える壮大な展望を描き、売りこむことに関しては、自己愛にかなう者はいない。

自己愛的な人間をリーダーに据えて何がいけないのか？　そう考える組織もあるだろう。自己愛が発散する絶対的な自信は部下を鼓舞し、職場を活気づける。能力の高いリーダーに多少の自己愛的要素はつきものであり、むしろ好ましい効果をもたらすという研究結果もある。[11]　しかし自己愛がリーダーを務める組織は、二つの問題を抱えている。ひとつは組織が難しい状況に陥ったとたん、自己愛リーダーの良さは消えてなくなるということ。もうひとつは、多少どころか自己愛を暴走させるリーダーがあまりに多いことだ。ご推察のとおり、そんなリーダーはたいてい男性である。[12]

なぜ男性に自己愛が多いのか（失礼！）

男性は自信と自尊心を女性よりはっきり表に出す傾向がある。その行きつく先が自己愛だ。人格障害レベルの自己愛は、男性のほうが四〇パーセント近く多い。男性は自己愛的だから、自尊心も高いのかもしれない。過去三五五件の研究を調べた最近のメタ分析（対象者総計は約五〇万人、年齢は八～五五歳）では、あらゆる心理的特徴のなかで性差が最も顕著なのが自己愛の強さだった。[13]

この研究によると、自己愛の性差を広げる側面は二つあるという。ひとつは「他者利用・権利主張」と呼ばれるもので、盗みを働く、いばりちらす、いやがらせをする、勤務時間にネットサーフィンするなど、同僚や組織に害をおよぼす行動に結びつく。もうひとつは「リーダーシップ（または権威）」の側面だ。こちらはわれこそはリーダーという高すぎる自己評価を生み、権威をかさにきて横暴にふるまう。

男性の自己愛が多い理由については、二つの説が有力だ。ひとつは進化の観点からで、支配力・競争力があり、高い地位を求める男性が性選択で生きのこってきたため、男性は自己愛が強くなったという考えだ。もうひとつは文化的な解釈である。男性は社会のなかで強い権限を持ち、有利な立場を独占してきた結果、権利をはっきり主張するようになった。

どちらが正しいかを確かめるには、自己愛の出現率を時代とともにたどっていけばよい。進化説が正しいとすれば、どの時代でも性差に大きな変化はないはず。進化はそれよりはるかに長い、何千年という時の流れで起きるものだからだ。反対に文化説が正しいならば、社会が男女平等になってきた数十年前から、自己愛の出現率が変化していてもおかしくない。そして実際、変化は起きていた。

自己愛の性差は数十年前から縮小している。これは複数のメタ分析研究から明らかになった傾向だ。具体的には男性の自己愛が減ったのではなく、女性の自己愛が増えている。女性が組織で出世するために、男性をお手本にして、男性と同じように行動するのはやはり危険なようだ。無能なダメリーダーを減らすどころか、かえって女性までダメリーダーに仕立てあげている。ただし、女性が自己愛的な行動をとったからといって、確実にリーダーになれるとはかぎらない。むしろ自己愛の傾向を持つ女性リーダーは、周囲の風あたりが強い。女性は和を大切にして、穏やかで、献身的というありがちな先入観に反するからだ。ともかく自己愛的な行動や態度をうながすのは完全な誤りだ。**むしろリーダーに不可欠なのは、昔から女性ならではとされてきた特質**なのだが、残念なことにそこはまだ理解されていない。

さらに困ったことに、**男性が謙虚にふるまっても評価は低く、反対に自己愛的な行動**

が大いに許容される。[14] ノートルダム大学のティモシー・ジャッジとコーネル大学のベス・リビングストンが行なった一連の研究から、友好的で共感力があり、愛想がよい男性は出世できない傾向にあることがわかった。具体的にはこれらの特徴と収入が負の相関関係にあるということだ。**「いいやつは競争に勝てない」**ということだが、この傾向は女性より男性のほうが顕著だった。[15] 男性は自分勝手を貫くほうが得なのだ。自己愛が強い有名人でも、マーサ・スチュワートとリチャード・ブランソンでは世間の目の厳しさがちがう。どちらもそれなりにいい思いをしているのがくやしいが。

なぜ自己愛は良いリーダーになれないのか

リーダーとして優れているかどうかは、個人の資質によるところが大きい（そこに状況の制約も加わるが）。自己愛だって、ほかに才能を持っているかもしれないし、自己愛のリーダーが部下や組織に好ましい影響を与えることも実際にある。

イーロン・マスクは掛け値なしの成功者だ。ペイパルを創業し、売却してからも、エネルギー生産、交通と物流、人工知能、太陽系探査と新たな事業に乗りだしている。それらはどれも、優れた技術と自由な発想で、持続可能で回復力のある未来を切りひらく試みだ。最終的に成功するかどうかは未知数だが、いまのところ期待以上の成果をあげており、世界を勇気づけている。

独創的で役に立つことを着想し、それを斬新な事業に育てていくマスクの展開力はばつぐんだ。事業家としての才能は疑う余地もないが、そのいっぽうで強い自己愛もかいま見える。最近では投資家やメディア、従業員とのすったもんだや、SNSのけんか腰の投稿、甘んじて批判を受けられない子どもじみた態度が話題だ。これはあくまでマスクが世間に見せる顔であって、彼が自己愛だと決めつけたり、人格障害の診断を下すつもりは毛頭ない。ただその姿は、世界を良くしたいというヒューマニストの姿とあまりに対照的だ。そのせいで『ニューヨーク・タイムズ』紙のコラムに「シリコンバレーのドナルド・トランプ」と書かれたりもしている。

大成功をおさめた実業家や資本家、たたき上げの大富豪が、奇矯でとっつきにくく、怒りっぽい性格の持ち主だった例はいくらでもある。伝説の大富豪ハワード・ヒューズは、晩年は細菌感染を極度に恐れて外出をいっさいしなかった。実業家ジャン・ポール・ゲティが邸宅に公衆電話を設置したのは、客がかける電話代を負担したくなかったからだ。AOLのトップであるティム・アームストロングは、電話会議で社内ウェブサイト用の写真を撮られたことに腹を立て、撮影した役員をクビにした。そしてなんといってもスティーブ・ジョブズだが、その変人ぶりはこの章ですでに紹介している。

自己愛傾向のリーダーは部下を助けるどころか、足をひっぱる。その存在は長期的に悪い影響をおよぼす。

自己愛は最初のうちはとても魅力的だが、その印象はやがて色あせる。オランダの小売店一七五軒を対象に、三年間にわたってデータを収集した研究がある。[16] それによると、自己愛度が高い経営者に対しては、長年働いて経営者との接触も多い従業員ほど否定的な印象を抱いていた。ということは自己愛の経営者でも、従業員との接触を極力減らせば、悪く思われずにすむのかもしれない。とはいえ、自己愛が良い印象を最後まで貫くことは至難のわざだ。この研究結果は、自己愛が長期的な人間関係を築けないこととも通じている。

第二のスティーブ・ジョブズをめざせとばかりに彼のまねをしていたら、ビジネスで大成功するどころか、失業者になるのが落ちだ。ジョブズ自身も自分の会社を解雇されているが、これはめずらしいことではない。組織で働けず、自分で会社をおこすような人間は、その会社が大きな組織になってくるとぎくしゃくしはじめる。

いずれにしても、考えるべき重要な問題は自己愛リーダー当人よりも、周囲の人間が受ける影響だろう。自己愛をリーダー的な役職につかせないほうがいいことは、さまざまな研究で明白に答えが出ているが、その理由は三つある。

その一。自己愛は、詐欺や横領などの犯罪行為、ハラスメント、いじめといった反社会的、非生産的な行為に走りやすい。しかもそれがほかの人間にも伝染して、チームや組織ぐるみで倫理に反した危険な活動に手を出すようになる。[17]

自己愛のリーダーは権力を乱用して自分の利益を追求し、その被害は周囲の人間のみならず、組織全体にもおよぶ。ハリウッドで最も成功したプロデューサーのひとりであり、映画会社ミラマックスを設立して、〈パルプ・フィクション〉〈ギャング・オブ・ニューヨーク〉〈クライング・ゲーム〉などの話題作を世に送りだしたハーベイ・ワインスタインもそうだった。彼の暗部が明るみに出たのは二〇一七年一〇月のこと。わずか一か月のあいだに、ワインスタインからセクシャルハラスメントや性的暴行を受けたと八〇人が声をあげたのだ。自己愛が全員セクハラをやるわけではないが、強大な権力を持つ成功者がそういう行為におよぶとしたら、自己愛の可能性が高い。

その二。自己愛はリーダーの地位についたら、しばらくは非の打ちどころのない人間を演じる。でもそんな蜜月はすぐ終わって本性を現わす。自己愛のＣＥＯは基準をはるかに上まわる報酬を受けとり、派手な買収劇を演じたり、大胆な投資に走ったりするが、そのわりに利益はあげられない[18]。

自己愛のリーダーは野心的な構想で人を魅了するが、実行段階でつまずくため、構想が実現することはあまりない。自己陶酔が強すぎて、具体的な計画を立てる段階になって、他人が入りこむことに耐えられないのだ。だから有能な組織を育てあげ、維持することもできない。

優れたリーダーはチームをじょうずにまとめ、同僚たちの協力も得て、ライバルのチームや組織に差をつける。ところが自己愛リーダーは、チーム内で自分が抜きんでることばかりを考えるので、最後は孤立するか、お荷物になるかのどちらかだ。

その三。自己愛がリーダーになってしまったら、組織は問題に気づいても容易に対処できない。自己愛が改心することはないので、手をこまねいて見ていても状況は変わらない。成人の自己愛レベルは、早くて四歳ぐらいの検査で予測がつくという研究もあるし、遺伝によるところも大きい[19]。

自己愛リーダーは厳しい指摘や批評を強く拒絶して、自分のまちがいを他人になすりつけ、他人の業績を自分の手柄にする。注意を受けると激高し、今後に活かすどころか報復する。自己愛は衝動性が強いので、なおのこと始末に負えない。自分を高める努力を続けることも難しい。

厳しいが的を射た批判を受けたとき、人は自分の良くない部分や残念な性格を抑制しようと自ら努力する。批判を受けとめ、消化することで自己イメージを高めるのだ。だが自己愛がそんな態度を見せることはなく、そもそも彼らには批判を受けとめる器がない。

なぜサイコパスは愛されるのか

ここからは、もうひとつの「毒」であるサイコパスを見ていこう。著名な政治家や実業家のリーダーシップを語るとき、サイコパスとの関連がよく注目される。自己愛にくらべるとサイコパスは人口のおよそ一パーセントと少数だが、これほど大衆を魅了し、メディアの注目を集める存在はほかにない。

世間がサイコパスに執着するのは、成功者の割合が抜きんでて高いことも関係しているだろう。犯罪心理学の第一人者ロバート・ヘアは、共同執筆した話題作『社内の「知的確信犯」を探し出せ（Snakes in Suits)』（ファーストプレス刊）のなかで、「サイコパス全員が刑務所に入るわけではない。**役員会に出席するサイコパスもいる**」と指摘した。[20]その後の研究でヘアが行なった推計では、企業の経営幹部に占めるサイコパスの割合は、人口全体に占めるサイコパスの割合の三倍にもなるという。[21]アメリカ企業を対象としたさらに新しい調査では約二〇パーセント、つまり五人にひとりがサイコパスという結果が報告されている。[22]サイコパスのとらえかたによって数字に幅はあるが、**成功の階段をのぼるほどサイコパス度も強くなる傾向がある**。

ではサイコパスとはどんな人間を指すのだろう。最大の特徴はモラルの抑制がきかないことだ。具体的には反社会的傾向や、規則を破りたい欲求となって現われ、罪悪感も後悔もない。

後先考えない行動をとることも、サイコパス傾向の特徴だ。酒、たばこ、ドラッグにおぼれ、誰とでも性的関係を持ち、浮気もする。[23]危険を顧みずにスリルをほしがって、自分や周囲を窮地に追いこむこともある。

サイコパスは共感能力に欠ける。他者の考えや感情を理解することはあっても、心を寄せることはない。[24]そのため冷淡な性格と評される。モラルの抑制がきかないのも、共感能力の欠如から来ていると思われる。他人のことはどうでもいいのだから、社会性のある行動がとれるはずがない。

そのいっぽうで、サイコパスは理想的な社交家の顔も持ちあわせている。それが魅力となって、キャリアを伸ばすうえで重要な武器になる。さらに知性や美貌が加われば怖いものなしだ。サイコパスが全員魅力的というわけではないが、人を惹きつける魅力を持っているサイコパスは、それだけ破壊力も大きくなる。

サイコパスは雄弁で説得力があるとよく言われるが、サイコパスと言語能力の関係を示唆する研究結果もある。[25]ほかにサイコパスと結びつく特徴として、ストレス耐性がある。重圧を受けてもとりみださず、挫折から立ちなおるのも早い。自らの攻撃性を巧みに操作して目的を果たすこともできる。たとえばイアン・フレミングの小説と映画シリーズでおなじみのジェームズ・ボンド。この男がサイコパスと呼ばれることはまずないが、教科書に載っているようなサイコパスの特徴をいくつも備えている。共感能力がなく、攻撃性を遺憾なく発揮して政府のために相手を殺すし、敵の妻とも平気でベッドをともにする（これは政府のためではないが）。

勇敢な人、怖れしらずな人は大いに称賛されるが、サイコパスはそんな性質も持ちあわせている。二〇〇四年末にタイが津波に襲われたとき、オーストラリア人ビジネスマンがたったひとりで二〇人も救出して、たちまち英雄になった。ところがそのビジネスマンは、強盗容疑でオーストラリア警察から長年手配されていたお尋ね者だったのだ。[26] 二〇〇五年に起きたロンドン同時多発テロでは、自らの危険も顧みず、爆破されたバスの乗客を救出した勇敢な消防士が表彰された。しかしこの消防士は、一億三五〇〇万ドル（約一五〇億円）相当のコカイン取引に関わったとして有罪となり、懲役一四年の刑に服している。[27]

サイコパスが危険なのは、カリスマ性があって魅力的な人間に見えること。さらに自己宣伝とだましのテクニックは名人級であり、リーダーにふさわしい人物という印象を植えつける。サイコパスリーダーは、とにかくカリスマ性にあふれているのだ。カリスマ性がある人間が全員サイコパスというわけではないが、サイコパスの多くは磁石のように人を惹きつける（カリスマ性については次章でくわしく述べる）。

サイコパスは男性の専売特許ではないものの、女性よりは男性のほうがはるかに多い。[28] サイコパスの性差はほとんど研究されていないが、男性のサイコパスは女性サイコパスの三倍で、思春期には差が明確になることが示唆されている。[29] これは反社会的行動が男性に多く見られる傾向とも一致する。[30] 世界のどこを見ても、刑務所に収容されている受刑者は女性より男性が多い。暴力的行動、ハラスメント、ネットいじめ、直接的な攻撃行動、自動車の死亡事故など自分や他者に危害を加える行動は、どれも男性のほうが多い。ならばリーダーには女性を選ぶのが妥当なはずだが、サイコパスはそんな判断を曇らせるほど抗しがたい魅力を放っているのだ。

サイコパスがリーダーになると

ケンブリッジ・アナリティカは選挙コンサルティング会社として、二〇一六年のアメリカ合衆国大統領選挙や、同じ年に実施されたイギリスのEU離脱を問う国民投票で、結果を左右する働きを見せた。その創業者であり、前CEOだったのがアレクサンダー・ニックスだ。デジタルマーケティングを駆使した手法で一躍注目を集め、時の人となったニックスだが、CEO時代におとりや賄賂、コールガールまで使うと豪語する強引な売りこみを覆面記者に撮影されてしまった。当然世間は大騒ぎになり、ニックスはCE

Oを解任された。強欲でモラル感覚が乏しく、危険を顧みないサイコパスだからこそ、フェイスブック利用者七〇〇〇万人分の個人情報を違法にあさり、ねらいをつけた利用者にフェイクニュースを流して選挙結果をねじまげるようなことができたのだ。ケンブリッジ・アナリティカは二〇一八年五月に破産手続きを申請したが、ニックスは八〇〇万ドル（約九億円）とも言われる退職金をまんまとせしめたあとだった。[31]

サイコパスがリーダーの座につくとどうなるのか。リーダーの役割をどんな風に果たし、部下や組織にどんな影響を与えるのか。自らのカリスマ的な魅力でのしあがるサイコパスだが、リーダーとして部下に刺激や影響を与えることはあまりない。さらに成果を評価する、正しいフィードバックを返す、部下のがんばりに報いる、目標達成の意味を理解させるといった基本的な役割すら充分に果たせない。[32] リーダーとして見るべきところはなく、要するに無能なのである。

一般的な傾向として、**サイコパスは仕事ができない**。[33] **努力を嫌うし、締め切りや手順を軽視するし、責任を引きうけようとしないからだ**。仕事にとりくむ姿勢としては問題だらけで、当然上司と部下のどちらからも評価は下がる。信頼できるリーダーに見えても、すぐに赤信号が点灯する。部下を育ててやる気を引きだすことができないし、批判に耳を貸さず責任のがれをするし、始めたことを最後までやりとげないし、衝動的で何をやりだすか予測がつかないからだ。[34]

サイコパスが、短慮で放任主義なリーダーになりやすいことははっきり裏づけられている。サイコパスが率いるチームは士気が低く、思うような成果が出せなかったり、一部の人間が燃えつきてしまったりする。[35]

サイコパスリーダーが組織で引きおこす問題は、自己愛リーダーとも通じるものがある。具体的には勤務中のネットサーフィン、休みグセ、いじめ、窃盗などで、どれもチームだけでなく組織全体に損害を与える。[36] カリスマ性と人間的魅力でリーダーの地位を獲得したサイコパスも、化けの皮はすぐはがれ、カリスマ性は色あせて、迷惑をまきちらす有害な存在になりはてる。

ただおもしろいことに、組織内の地位が高くなればなるほど、サイコパスリーダーの問題行動は減っていく。サイコパスもさすがにトップに立つと、破壊的な衝動を抑制できるのだろうか。権力が強くなって、悪事をうまくやりおおせたり、隠しとおしたりできるだけかもしれないが。

サイコパスリーダーの反社会的・非生産的行動は、組織との距離感に関係するという研究結果がある。組織との一体感が強いほど、悪しき行動は鳴りをひそめるのだ。有害な行動が生まれやすい風土というものもあるが、そうした風土自体がサイコパスリーダーの「指導」のたまものかもしれない。サイコパスが上に立つことで有害な風土が醸成され、そこから次のサイコパスリーダーが育っていく。こうしてサイコパスは寄生虫やバクテリアのように増殖し、はびこるのだ。

人材育成会社コーナーストーン・オンデマンドのマイケル・ハウスマンと、ノースウェスタン大学ケロッグ経営大学院のディラン・マイナーは、有害な人間を組織から排除する経済的利益と、優秀な人間を組織に加える利益を比較してみた[37]。業種も規模も異なる企業一一社に属する五万人以上の従業員を対象に、社内方針からの著しい逸脱、セクシャルハラスメント、職場での暴力、詐欺行為などについて調べている。

その結果、**有害社員を解雇して得られる利益は、優秀な人間を組織に入れる利益の四倍以上**になることがわかった。そして、成績が上位一パーセントに入るとびきり優秀な「エース」級を入れるよりも、有害社員を追いだすほうが二倍の利益になるのだ。訴訟費用、法令違反で科される罰金、ほかの社員の士気低下といったコラテラル・ダメージ（付帯的損害）まで入れれば、さらに開きは大きくなる。平社員の有害行動でさえこれほどの波及効果があるのだから、リーダーともなると影響ははかりしれない。

サイコパスをいち早く発見するには

「彼がものすごく魅力的かというと、そうではありません」ダイアナ・ヘンリーケスはＮＰＲのインタビューでテリー・グロスに言う。「でも彼にかかると、自分がものすごく魅力的な人間に思えてくる。そして彼のことをたやすく信じてしまう、いや、信じたいと思ってしまうところが、彼の性格の魔法なんです[38]」

ヘンリーケスの言う彼とは、最新刊『嘘の天才 The Wizard of Lies』の主人公バーニー・マドフだ。マドフはウォール街で最も称賛される投資家で、ウォーレン・バフェットに匹敵する金融界の大立者という評判だった。つつましい家に生まれ、学歴もぱっとしないマドフは、一九六〇年にわずか五〇〇〇ドル（約五五万円）を元手に、一株一ドル未満のペニー・ストックを扱う会社を始めた。当初は義父の人脈と資金を頼みに会社を成長させていたが、大手投資会社に対抗するため、コンピューターネットワークを使った情報提供を活用するようになる。それが土台となってＮＡＳＤＡＱが創設され、マドフ自身も非業務執行会長に就任している。

　その後の話はもう語るまでもないだろう。マドフは顧客から集めた金を配当にまわすという古典的な手口で、史上最大級の投資詐欺を働いた。その金額は六五〇億ドル（約七・二兆円）、被害者は四八〇〇人にのぼる。二〇〇九年、証券詐欺・資金洗浄・窃盗など一一の罪状を認めたマドフは、禁固一五〇年の刑を言いわたされた。たしかに犯罪の規模がけたはずれではあるが、大企業のトップが刑務所で服役しているのは異例中の異例だ。ふつうはこれほどの大物となると司法もうかつに手を出せない。

　サイコパスは「正気の仮面」をつけていると言われるだけあって、ふつうの人にはなかなか見ぬけない。[39]だから採用を短時間の面談だけで判断するときは、気をつけなくてはならない。サイコパスのものおじしない態度、人当たりの良さ、巧みな印象操作にまんまとひっかかって、この人はすばらしい働きをしてくれると思いこむ危険がある。[40]だが最初のデートで結婚を決めないのと同じで、面接の出来ばえ《パフォーマンス》だけでリーダーに据えてはならない。面接はあくまで「パフォーマンス」だ。

　サイコパスを見つけだすのは難しいが、リーダーのサイコパス度と、部下への影響を同時に判断できる方法がある。サイコパスの判断基準を部下に示して、リーダーがどれだけ当てはまるか回答させるのだ。ある研究では、「人をジョークの種にする」「人のじゃまをして喜ぶ」「誠実さに欠ける」といった項目で従業員に上司を評価してもらった。[41]

サイコパスについては、ショート・ダーク・トライアド尺度などをもとにつくられた、一五項目で判定できる自己評価テストがある。[42] その項目とは、たとえば以下のようなものだ。

スリルを求めたがる。
権威に歯むかうのが好きだ。
罪悪感を覚えたことがない。
自分に盾つく人間はかならず後悔するだろう。

これはあくまで自己評価なので、回答者はサイコパス的傾向を隠し、社会性も協調性もある風を装うことができるはずだ。しかし実際には、テスト結果が無効になるような「偽装」は起こらない。サイコパス傾向がある人間は、誇らしげにほんとうのことを答えたがる。本音を隠す引け目も罪悪感もないし、それを他人がどう受けとろうが気にしない。

さらに最近では、インターネット、とくにソーシャルメディア上の活動からサイコパス度を測る試みも注目を集めている。自己評価に頼らなくても、サイコパス傾向を探れるようになってきたのだ。ソーシャルメディアに上げる自撮り画像の数は、サイコパス度に比例するという報告もある。[43]言葉づかいからもサイコパス傾向をうかがうことはできる。話しかたも文章も強気かつ高圧的、過敏で攻撃的なのだ。[44]たとえば不謹慎な言葉の乱発は、サイコパス傾向を如実に表わしている。話題も手がかりになる。サイコパス度が強い者は権力、金銭、セックス、物質的欲求について話したがるが、そうでない者は家族や友人、精神性の話が多い。[45]つまりサイコパスを直観的に見ぬけるヒントはたくさんあるということだ。フロイトの葉巻ではないが、サイコパスはどうとりつくろってもサイコパスなのである。

第四章

カリスマ神話

彼女の起床は午前六時から六時半のあいだ。その日のニュースをチェックして、八時ごろ自分と夫の朝食を用意する。九時に家を出て職場に向かう。まずチームのミーティングで、その日の予定や課題を話しあう。それが九時半ごろだ。まとめ役の彼女は、ほかのチームの人間に参加してもらうこともあり、事実をもとに淡々と議論を進める。それが終わればワーキングランチで、午後も内外の関係者とのミーティングが続く。次の約束のための予習や、プレゼンテーションの準備で午後の時間はつぶれることが多い。帰宅は午後一〇時ごろで、日付が変わるころ就寝する。[1]

世界第四の経済大国ドイツを率いる政治指導者、アンゲラ・メルケルの日常は平凡だ。彼女自身も派手に注目されたり、論議の的になったりすることはほとんどない。近年では最も有能な国家元首と評され、二〇一七年からは四期目の首相を務めている。EUの実質的トップでもある。これほどの人物でありながら、現在もこれからも、メルケルを主人公にした映画がつくられることはなさそうだ。

ビジネスの世界でも、**優れたリーダーほどカリスマ性がない**。それだけに注目を浴びることは少ないし、名前も覚えてもらえない。人びとが関心を寄せ、記憶に焼きつけるのは、声が大きくてスポットライトを引きよせるのが得意なリーダーだ。経営コンサルタントのジム・コリンズは、ライバルをしのぐ業績をあげた企業のCEOを選びだし、その性格をくわしく分析した。そこで判明したのは、優れたCEOはカリスマ性とは無縁で、むしろ謙虚でねばりづよい性格ということだった。しかも、下で働く人間の才能を育てるのがうまい。経営者のなかには、第二の人生はお笑い芸人か、はたまたテレビタレントかと思うような人物もいるが、優秀なCEOは周囲の人間を輝かせ、ひとつにまとめて有能なチームをつくりあげる。世間でもインターネット上でも存在感が薄く、写真を見ても名前が浮かばなかったりするが、私たちが記憶に刻んでお手本にするべきなのはそんなリーダーたちだ。

コリンズが描く、静かで控えめなリーダー像にぴったり当てはまる人物をこれから見ていこう。そのほとんどは名前も聞いたことがないはずだ。アンゲラ・メルケル同様、彼らがハリウッド映画でとりあげられることはない。

アマンシオ・オルテガ。アパレルメーカーZARAの創業者・会長であり、ヨーロッパ有数の大富豪だ。人前で発言することはめったにないし、目だった受賞歴もない。数少ない彼の記事が『エコノミスト』誌に出ているが、そこには「会社設立前は写真がほとんどなく、訪問した投資家が従業員とまちがえたほどだった」とある。[2]

イングバル・カンプラード。IKEA創業者で、二〇一八年に死去する直前の資産は二五〇億ドル（約二七・五兆円）だったとも言われる。しかし質素な家に住み、車は一九九三年型ボルボ、のみの市で服を買い、飛行機のファーストクラスはけっして利用しないと本人は語っていた。[3]

メアリー・バーラ。一八歳で入社したゼネラル・モーターズのCEOである。自動車メーカー初の女性CEOであり、世界を代表する女性エグゼクティブの彼女だが、経営陣の合意形成を何より重視し、人柄も「ふつう」「物静か」と評される。[4]『フォーブス』誌のジョアン・マラーに言わせれば、たいていのCEOが三〇年かそれ以上かかることを、バーラはたった三年で達成した。バーラが就任してから三年間で、ゼネラル・モーターズは記録的な利益をあげた。[5]

周群飛。中国のガラス加工メーカーで、スマートフォンのカバーガラスを製造するレンズ・テクノロジーの創業者だ。アップルやサムスンのスマホには、たいてい同社のガラスが使われている。中国で最も金持ちの女性であり、女性が自力で築いたものとしては世界最大の資産を保有する。地方の貧しい農家に育った周は、一六歳で学校を中退して工場に就職し、資金をためて自分の会社をおこした。そこからめざましい業績をあげたにもかかわらず、周はメディアに出たがらないことで有名で、成功の要因は努力を惜しまず、学ぶことに貪欲だったからだと語る。寡黙で批判的な精神の持ち主である彼女は、カリスマからはほど遠い。

謙虚なリーダーは組織の隅々にまで影響を与え、自然とお手本になる。そのことをくわしく調べたのが、ブリガムヤング大学マリオット経営大学院のブラッド・オーエンズとコロラド大学リーズ経営大学院のデビッド・ヘックマンの研究だ。リーダーが謙虚にふるまうと、部下もそれを見習って、まちがいを素直に認め、手柄を分けあい、ほかの人の考えや指摘に素直に耳を傾けるようになる。研究所や企業で活動する一六一チーム、計六〇七名を対象にデータを収集した結果、そんな「社会的伝染」が起きることが確認された。自分勝手なふるまいが鳴りをひそめて協力的になり、結果としてチーム全体の成績が上がったのだ。[6]

カリスマは誘惑する

IESEビジネススクール・マドリード校のマルガリータ・マヨは、謙虚とカリスマの対立を次のように語る。「謙虚で控えめな人間をリーダーに選べば、組織はぜったい良くなる。これは研究からも明らかです……けれども、そんな静かなる英雄ではなく、これでもかとカリスマ性を発散させるスーパーヒーローをリーダーに選んでしまうのは、私たちの性《さが》みたいです」[7]とりわけカリスマリーダーが支持されるのは、危機的状況のときだ。マヨの研究では、**人は不安を感じているとカリスマリーダーを選ぶだけでなく、既存のリーダーにまでカリスマを求めるようになるという**。

マヨの研究はカリスマの重要な側面を物語っている。カリスマは支持者の目に映るものだ。そこが自己愛やサイコパスなど、生物学的な根拠にもとづいた特徴とは異なる。カリスマは支持者が抱く推論でしかない。したがってまわりの人間が「そう感じる」以外にカリスマ度を測る手段はない。カリスマを自称する者（当人はそう信じている）もいることはいるが、自己申告では証拠にならない。

リーダーシップの優劣にカリスマは無関係であるにもかかわらず、リーダーに不可欠な要素はと問われると、カリスマがかならず上位にあがる。その連想はあまりに強固なので、リーダーと言われて思いつく人物はカリスマばかりだ。
アリゾナ州立大学サンダーバード国際経営大学院のマンスール・ジャビダンを中心とする研究チームは、リーダーの才能とは何かを六二か国で調査した。ジャビダンらはまず対象国を一〇の文化集団に分けた。アングロ、東アジア、東欧、ゲルマンヨーロッパ、ラテンアメリカ、ラテンヨーロッパ、中東、北欧、南アジア、サハラ以南アフリカである。すると、高い地位を求める、危険を引きうける、競争心があるといった要素は文化によってばらつきが大きかったが、すべての文化でリーダーに不可欠と見なされていたのがカリスマだった。[8]
カリスマはものの数秒で「出現」する。カリスマの印象が形成される過程と、カリスマ性があると人びとが判定する基準、その基準――属性とも言える――が持つ意味を探った最近の研究を紹介しよう。
トロント大学のコンスタンティン・ツカイらは、無名の俳優たちに五分間政治演説の原稿を「できるだけ説得力があるように」読ませた。そのビデオから音声を消し、時間を調整したものを一三〇七名の被験者に見せて、俳優の魅力や視線の行き先、眼鏡のあるなしといった要因がカリスマ評価にどう影響するかを調べた。
この実験でわかったのは、被験者はビデオの人物が**カリスマかどうかをたった五秒で判断**しており、ビデオを見つづけてもその第一印象は変わらないということだった。さらに外見が魅力的で、視線をこちらに向けることが多く、しかも白人であれば、カリスマがあると思われやすいことも判明した。[9]
ただ周囲の人にとってどんな意味があり、短時間での印象がどれほど正確かは別にして、カリスマは「ある」と思われた瞬間出現する特徴だ。リーダーにその印象が定着したとたん、実際にいろいろな変化が起きる。その意味ではひとめぼれに近い。周囲の人間は催眠術にかかったようになり、色めきたつ。もはやそれは理屈では説明ができない。このようにカリスマはとらえどころがないので、周囲は自分の感情を合理化・正当化するのに忙しく、リーダーの能力を客観的にとらえるところまでは行かない。
恋した相手を守ろうとするように、人びとはカリスマと見なしたリーダーの資質も懸命に擁護する。事実も客観的な証拠もおかまいなしだ。しかも、最初にカリスマかどうかを判断するときに働いたバイアスは、リーダーの能力を評価するときにもしっかり発動される。

カリスマは評価の目を曇らせる。カリスマとされるリーダーの仕事ぶりは判定が甘くなり、そうでないリーダーの評価は厳しくなる。たとえば、ヒラリー・クリントンよりドナルド・トランプがカリスマ的だと感じる人は、実際以上にトランプを高く評価するはずだ。人間は自己評価を高く保ちたい欲求がとても強く、その前では事実さえもかすむ。カリスマと見なした人物の働きが悪いと、自分に人を見る目がなかったことになるのだ。[10]そのためカリスマリーダーは、そうでないリーダーよりも上司や部下から好意的に評価されるし、昇進も速い。カリスマリーダーのチームは仕事への満足度が高く、当然成績も上がる。敬愛するリーダーの下で働くのだから、がんばって自分を印象づけたいと思うのは当たり前だ。たとえそのリーダー像が幻想であったとしても。[11]しかもカリスマ的な人間は上にへつらうよりも、そんな部下のがんばりに応えてくれる傾向がある。[12]

カリスマのジレンマと女性

バラク・オバマ、マハトマ・ガンジー、マーティン・ルーサー・キング・ジュニア、リチャード・ブランソン、スティーブ・ジョブズ……典型的なリーダー像をてっとりばやく探るために、グーグルの画像検索で「著名なリーダー」と入れてみよう。すると出てくるのはカリスマリーダーばかりだ。もうひとつ、性別の偏りも顕著だ。検索結果の最初のページに出てくる女性は、マーガレット・サッチャーとマザー・テレサだけである。

性別とカリスマに着目した研究は数が少ないが、カリスマの認識はリーダーとして成功する要因ではなく、成功した結果ついてくることを考えると、女性は不利な立場にある。カリスマ的な人間にリーダーの素質があると考えるより、リーダーとして成功した人にカリスマを見いだしがちなのである。女性はそもそもリーダー候補にあがらないのだから、リーダーの適性を示す機会がないし、ましてや自分がカリスマだと売りこむこともできない。

研究によると、組織のネットワークで中心的な立場にある人ほど、カリスマ性があると見なされる。社内で人脈を開拓することで、カリスマの評価を獲得するのだ。[13]

残念ながら女性は、リーダーになる機会が少ないこともあって、組織ネットワークの中心に入りこめない。せいぜい組織が推進する「性の多様化プログラム」の一環として、名ばかりの立場を与えられるぐらいだ。リーダーシップ研究で知られるロブ・カイザーとワンダ・ウォレスによると、女性はリーダーになることが少ないため、戦略的にものごとを進める能力が低いと評価されるという。[14] カリスマ性についての評価もかんばしくない。対して運営能力に関しては、女性は優秀だと思われている。つまり女性は「卵が先か、ニワトリが先か」の状況に置かれているのだ。**上級のリーダー職になれないので、カリスマ性に欠けると見なされ、カリスマ性がないから優れたリーダーになれないと思われるのだ。**

世間ではカリスマのとらえかたがあいまいだが、部下が上司を判定する形でカリスマリーダー度を調べた研究では、女性も高い得点をたたきだしている。カリフォルニア州立大学のケビン・グローブズは、カリスマの主な特徴が上司にどれぐらい当てはまっているか、部下に評価してもらった。しかも第一印象ではなく、長いつきあいのなかで受ける印象だ。[15] 対象は幅広い業種や分野の上級リーダー一〇八名で、評価したのはそれぞれの直属の部下計三二五名。チームの成績、収益、従業員の関与など、組織に好ましい結果をもたらすカリスマリーダーの客観的な基準にもとづいて、たとえば次のような項目で回答してもらった。

—・部下に刺激を与え、コミュニケーションを怠らず、展望をきちんと実現していく。—

・部下に手本を示し、有言実行する。
・組織内の暗黙の規範を感じとり、それに従う。
・部下のがんばりに気がつき、実績を正当に評価する。
・コミュニケーションのなかで感情を効果的に出せる。
・部下の潜在能力を発見し、育てるのがうまい。
・自身の社会的、情緒的スキルを正確に把握している。

グローブズのこの研究は、本書でこれまでにとりあげたものと二つの点で異なっている。まず、カリスマ度調査であることに言及していない。そのためカリスマというあいまいな言葉をめぐる先入観や混乱を最小限にすることができた。もうひとつ、回答者はビデオを五秒間見た印象ではなく、何か月もいっしょに働いてきた人物について答えるため、豊富な判断材料を持っている。だから同じリーダーに対する部下たちの評価は一致するし、回答を読むだけで同じ人物のことだとわかるほどだ。結果を男女別で見ると、**女性上司は前述の項目のほとんどで部下から高評価を受けており、それは女性の社会的、情緒的スキルが優れていることと強く結びついていた**（くわしくは次章）。

ビジネススクールのINSEADに所属するハーミニア・イバーラとオティリア・オボダルは、同校のエグゼクティブ教育プログラムに参加したリーダーを対象に三六〇度評価（部下、同僚、上司など異なる関係性の人による多角的評価）を実施した。[16] 性別の固定観念や先入観が根強いことから、女性リーダーの評価は男性より低くなることが予想されたが、蓋を開けてみるとまるで逆だった。二〇〇九年の『ハーバード・ビジネス・レビュー』に掲載された論文には、**「リーダーシップのほとんどの要素に関して、女性は男性より優秀という結果が出た」** リーダーシップに求められる一〇のスキルのうち、男性のほうが評価が上だったのは「構想力」だけで、具体的には評価者が男性、それも男性同僚の場合のみだった――次の昇進で女性と競うことになる立場だ。それ以外の九つのスキルでは、男女ともに女性リーダーに高評価を与えていた。また女性の構想力は、女性からは良い評価を受ける傾向にあったが、男性の部下と上司による評価に男女差はなかった。

カリスマの負の部分

人間関係を広げて良好に保ち、相手を説得して具体的な行動へと導く……カリスマ性があればリーダーはとてもやりやすい。ナポレオンがいみじくも言ったように、「指導者とは希望の差配師」なのだ。

カリスマを掘りさげた研究のなかでも興味ぶかいのが、ブライアント大学のロナルド・デルーガがアメリカ合衆国の歴代大統領三九人、ジョージ・ワシントンからロナルド・レーガンまでを分析したものだ。それぞれの大統領がカリスマ性、自己愛、リーダーシップの三要素をどれだけ持ちあわせているか。それを明らかにするために、デルーガは大統領の伝記から一部を抜粋し、名前を伏せて評価してもらった。たとえば「アメリカ国民の感情をつねに気にかけている」「弁舌がたくみで効果的である」「精力的で決断力がある」というのが、カリスマ性を評価する項目だ。別のグループは、虚栄心、地位への執着、優越感といった自己愛の側面に関して、「どこにでもいそう」か、それとも「並みはずれている」かを選択する。リーダーシップの能力はアメリカ史の専門家に協力を仰ぎ、信望の高さ、行動力の有無、大統領としての活動、戦時の対応、国家運営の業績などを評価してもらった。
カリスマ性、自己愛、リーダーシップの強い関連を示すために、デルーガは三要素のすべてで高評価だったフランクリン・D・ローズベルトを例にあげている。「彼は生気と自信に満ちあふれていた。朗々と説得力のある黄金の声の持ち主で、危機のときに天性のリーダーシップを発揮した。また彼は卓越した印象を与え、自分のやることは価値があり、重要であると周囲に確信させた。ただ腹を割って話すということはけっしてなく、熱烈な支持者も、超然としてつかみどころがないとぼやいていた」[17]
カリスマリーダーは希望を与える名人だ。未来の夢を語ったり、人びとに価値を実感させたりすることにかけては、右に出る者がない。けれども能力がなかったり、倫理にもとるようなリーダーだと、カリスマの威力は支持者に牙をむき、生産性をがた落ちにさせ、ときには自己破壊への道を進みはじめる。アムステルダム大学の進化心理学者アレン・グラボらは次のように指摘する。「カリスマの信号は、自分を支持してくれる人びとに恩恵を与えるのではなく、利益を独占しようとするリーダーにしばしば乗っとられる……そうした人間は一見すると魅力的で活気づけてくれるが、利益を行きわたらせるために緻密に調整する能力はないし、そのつもりもない」[18]

第三章で触れたように、サイコパスや自己愛はカリスマと見られることも多く、周囲はその「毒性」に気づかない。だがカリスマの多くはサイコパスでも自己愛でもないし、サイコパスや自己愛にカリスマは少ない。もしサイコパスや自己愛がカリスマの仮面をかぶったら、きわめて危険なリーダーになる。リーダーシップの条件としてカリスマ性を重視しすぎると、有毒な人間がリーダーの座におさまり、権力を握って支持者を好き勝手に操作するかもしれない。

リーダーシップの教訓を歴史から学ぶとしたら、不道徳で利己的な人間が大衆をたぶらかし、悪しき方向へと舵とりをするときには、カリスマの仮面こそ最強だということだ。アドルフ・ヒトラー、ヨシフ・スターリン、毛沢東、ベニート・ムッソリーニといった独裁者は、みんなカリスマ性を利用して熱狂的な個人崇拝を勝ちとった。彼らがカリスマでなかったら、被害ははるかに小さかったにちがいない。同様に、もしウサマ・ビン・ラディンがカリスマ性に欠けていたら、同時多発テロの実行役に誰も名乗りをあげなかっただろう。カルト指導者ジム・ジョーンズがジョーンズタウンで集団自殺を命じても、誰も従わなかったはずだ。これほど極端でなくとも、カリスマの負の部分はあちこちで見ることができる。実績がふるわない大統領でも、カリスマ性が支持率を下支えしてくれる。カリスマ性がなくて有能な大統領より、カリスマ性があって無能な大統領のほうを国民は容認するのだ[19]。

しかも最近の研究から、能力も倫理観もあるリーダーの場合でも、カリスマは複雑な影響を与えることがわかってきた。ゲント大学のジャスミン・フェルガーウェを中心とするチームは、その複雑な影響を明らかにするために、過去に行なわれた三つの研究結果を分析した。合計サンプル数はビジネスリーダー八〇〇名、その上司、同僚、部下七五〇〇名になる。リーダーの地位は、現場の監督者から最高経営幹部まで幅広い。分析の結果、カリスマリーダーは将来像を描いてまわりを引きこんだり、組織の方向性を定めたり、革新を進めたりといった戦略的な作業が得意であることがわかった。そのいっぽうで、効率化、実行、組織づくりなどの戦術的部分は弱い。カリスマも度が過ぎるとかえって悪影響だというのが、フェルガーウェらの到達した結論だ。**戦略面のみならず運営面でもバランスよく成果をあげられるリーダーがほしいのなら、あまり強烈なカリスマを選んではいけない。**

カリスマ性を持つリーダーは影響力も強いが、そればかりを重視していると、能力や高潔さ、自己イメージといったリーダーシップのもっと重要な信号が弱くなる。リーダーシップはあいまいな概念だけに、ほかに明確な指標がないとカリスマが便利な代名詞になりやすい。だがこの不適切な代名詞に惑わされると、リーダーシップの才能と実力が見えなくなってしまう。

それでもリーダーのことがわかってくるにつれて、カリスマ性の重要度は下がってくる。たとえば選挙がそうだ。社会的、政治的な姿勢をよく調べた結果、自分の価値観や信念を最も代弁してくれるのが意外な候補者だったと判明することはままある。テレビ出演の印象やツイッターの書きこみだけで判断していたら、選挙に勝つのは圧倒的にカリスマだ。

カリスマには合理性を超越する力がある。業績が悪いことが客観的なデータから明らかでも、CEOがカリスマなら株価は上昇する。[20] フロリダ大学のヘンリー・トシらは、有効性が確認されている判定尺度を用いて、アメリカ企業五九社の管理職にCEOのカリスマ度を評価してもらった。株主価値や総資産利益率といった自社の業績を表わす数字も同時に示す。結果は、カリスマ度評価と自社の業績は基本的に無関係だが、市場が不透明になると株式評価はカリスマ度に比例していた。さらに企業の規模、それにCEOの報酬額（！）もカリスマ度と連動していた。

第一章 第二章 第三章 第四章 第五章 第六章 第七章 第八章 第九章

第五章

女性の強み

　男性は女性より自信過剰に陥りがちで、自己愛もサイコパスも男性が多い。大きくはないがその性差は確実に存在するし、リーダーというくくりで見るとさらに顕著になる。こうした特徴はリーダーの地位になるまでは大いに役に立つが、リーダーになってからはかえって足をひっぱる。なかでもカリスマ性はとらえどころがない。生まれつきの性質というより、支持者がリーダー、とくに男性リーダーに投影したがるものだからだ。自信と実力は一致しないし、カリスマ性はただの幻影。自己愛やサイコパスがリーダーになったら、本人は務めを果たせないし、周囲もとばっちりを受ける。それならリーダーの役割は、むしろ女性のほうが適しているのでは？

　実際のところ、そう考える人もいる。アリババ創業者のジャック・マーは、ダボスの世界経済フォーラム[1]でのインタビューで、リーダーの地位に女性が少ない現状について問われたとき、テクノロジー分野を含めて、企業が女性をもっと採用しない理由がわからないと答えている。アリババは全従業員の四九パーセント、上級リーダーの三七パーセント近くが女性だが、これは巨大ハイテク企業としては記録的な高さだ。さらにマーは、「男はＩＱこそ高いがＥＱ〔心の知能指数〕は低い。女性は両方のバランスがとれている」と独自のリーダーシップ論も披露している。女性の頭脳はほめられているのか、いないのか。ともかく女性は感情的、男性は理知的という固定観念そのままの発言だ。ただ、優れたリーダーにＥＱが不可欠とする考えは、今日では広く受けいれられている。

はたして男女の能力にちがいはあるのか、もしあるとすれば、それがリーダーの仕事ぶりの性差とどうつながっているのか。この章ではそんな問題を考えていきたい。女性のＥＱはほんとうに高いのか。男女に関係なく、ＥＱが高いほうがリーダーは有利なのか。さらにＥＱの高いリーダーが実現させるという、変革的リーダーシップ、個人の効果性、自己認識についても見ていこう。

男性も女性も地球生まれ

ジョン・グレイのベストセラー『男は火星から、女は金星からやってきた（Men are

from Mars, Women are from Venus)』（邦訳『ベスト・パートナーになるために――男と女が知っておくべき「分かち愛」のルール』（三笠書房刊））は、男と女はかけ離れていると主張する。タイトルが示すように、まるでおたがい異星人ということだ。女は感受性や思いやりが強すぎるのに対し、男は競争第一で、自分の心の揺れに関心を払ったりしない。型どおりの男女観だが、この本で注目してきた自信過剰、自己愛、サイコパスのさまざまな研究結果ともおおむね一致する。だが男性と女性の心理を比較すると、相違点よりむしろ共通点が多く存在することも事実だ。たしかに統計的な差異がある以上、二つの集団を同じと見なすことはできない。それでも個人レベルで見れば、共通点が見つかる余地は充分にある。なるほど平均寿命は女性のほうが長いけれども、実際には大多数の男女は同じぐらいの年齢で死亡しているのだ。平均身長は男性のほうが高いのは事実だが、それを上まわる身長の女性だってたくさんいる。

ウィスコンシン大学マディソン校のジャネット・シブリー・ハイドは、巨大なデータセットを使った性差の先駆的な研究で知られる心理学者だ。二〇〇五年、ハイドは男女の能力差に関する四六件のメタ分析を再分析し、数百万人分の膨大なデータからさまざまな能力分野で比較を行なった。昨今は社会科学の研究件数が増えすぎて、大量の研究のなかから都合の良い所見だけを抜きとり、選択的に報告する風潮が懸念されている。いわば社会科学における「再現性の危機」だ。その意味でハイドのこの再分析は、男女の差異について信頼できる根拠がほしいとき、いちばん頼りになる情報源と言える。[2]

ではその結果は？　**態度、熱意、性格、仕事ぶりと多岐にわたる比較項目で、男女差はまったくない**、もしくはきわめて小さいものが全体の七八パーセントを占めていた。[3]長らく性差を当然としてきた地域が対象で、数十年前のデータも含まれていることを考えると、ちょっと驚きだ。

ハイドの分析でとくに注目したいのがＩＱである。ここでも男女差は無視できる範囲だが、空間能力テストは男性のほうが明らかに成績が良かった。これは男性ホルモンのひとつ、テストステロンの分泌量によるものだ。[4]その証拠に、テストステロン濃度の高い女性は、低い男性よりも空間能力テストで高い得点を出しているし、男女ともにテストステロンを投与すると、空間能力や読地図テストの成績が上がる。反対に言語能力テストでは女性のほうが高成績だった。それでも総合すると、**男女のＩＱに顕著な差は見られない**。

知的能力に関しては、男性と女性に差はないことがこれでわかった。ではそれ以外の身体面や情緒面、人間関係はどうだろう？

男女のちがいが明白だった項目は全体の二二パーセントあった。たとえば、ものをより速く、遠くに投げる投擲能力は男性のほうが上だし、マスターベーションの回数も男性が多い（男性は正直に回答しているだけかもしれないが）。行きずりのセックスに前向きなのも男性だ。身体的攻撃が多いのも男性だが、人間関係を操作して相手を傷つける「関係性攻撃」になるとばらつきが出る。

だがよほど特殊な業界ならともかく、組織のリーダーに優れた投擲能力や行きずりのセックス、頻繁な自慰が求められることはまずない。これらの項目は除外して、リーダーシップに必要な資質だけで性差を見ていこう。

男性は自分が良いリーダーだと自己評価する傾向があるが、管理能力などリーダーに求められる役割は、わずかながら女性のほうが能力が高い。[5] 働きかたの傾向として、**女性は人間相手、男性は無生物相手の仕事に高い関心を示す**こととも関係があるだろう。これは心理面における男女の最大の差異である。[6]

リーダーの立場は、無生物ではなく人間を相手にしなければならない。そこで求められる能力は女性のほうが高いのに、現実には男性が圧倒的に多い。人事の不均衡を是正しようという多様性の流れがおもしろくない者は、この事実を引きあいに出したがる。たとえばグーグルのエンジニアだったジェームズ・ダモアは、会社の多様性プログラムに異を唱える社内文書が原因で解雇された。「女性は人間に、男性は事物に関心があることは、心理学の研究で明らか」という指摘は正しいが。[7]

女性は思いやりがあり、対人関係や情緒面の対応が上手とされているが、そのあたりはどうだろう？　ＥＱの男女差は、平均して一五パーセントを超えるか超えないかぐらいで、極端なちがいとは言えない。だが、この差が女性には決定的な武器となる。

なぜＥＱは働く女性を助けるのか

一九九〇年、イェール大学の社会心理学者ピーター・サロベイと、ニューハンプシャー大学心理学教授ジョン・Ｄ・メイヤーは、感情知能（ＥＱ）という概念を提唱した。それから五年後、科学ジャーナリストのダニエル・ゴールマンの『ＥＱ～こころの知能指数（Emotional Intelligence）』（講談社刊）がベストセラーとなる。ＥＱとは自分と他者の感情を理解し、上手に扱う能力のことで、人間の最も重要なスキルのひとつだ。Ｅ

Qは最初の一〇年間は学界での注目度が低かったものの、その後人事やリーダーシップ能力の研究で競ってとりあげられるようになった。一九九〇年代にわずか九〇本だった論文数も、二〇〇〇年代はじめには四三〇〇本超にまで増えている。

EQ研究の多くは、働く能力との関係に注目する。たとえば雇用可能性、すなわち職を得て、その職に留まれる能力にEQが中心的な役割を果たしていることは、一貫して裏づけが得られている。[8] いつの時代も仕事には人との接触がつきものだし、キャリアを伸ばせるかどうかは周囲の人の評価で決まる部分も大きい。人間関係をうまくこなせる人は、販売、宣伝、顧客対応、管理、組織のまとめ役など、対人関係が重視されるさまざまな職種で活躍が期待される。

EQは従業員の幸福とも強く結びついている。たとえばEQが高い人は仕事に熱心にとりくむ傾向がある。[9] 従業員のストレスが高まると、がんばる気持ちがなくなり、ひどいときは完全に燃えつきたりする。そんな状況が広がるいま、従業員のやる気を保てるかどうかは重要な課題だ。そのためには、**EQが高い人間を雇うのが最善の策だ**。仕事の成果にはかならずしも直結しないが、少なくとも従業員の満足度と忍耐度は上昇する。打たれづよさやストレスへの許容度を知るときもEQが手がかりになる。また、この本で紹介してきた自己愛やサイコパスの毒性を、ＥＱはうまく解毒してくれる。ＥＱが高い人間は、職場で天狗になったり、気分がころころ変わったり、すぐ怒りだしたりしない。仕事では、そういう穏やかな性質に救われる場面も多々ある。自分を適切に管理できない人間に、組織の管理など無理だろう。だがＥＱに注目すれば、両方の問題が一気に解決する。

ＩＱとＥＱは両立しないと言われている。ＩＱの高い人間は社会的に難ありだし、ＥＱが高い人間は頭のキレが悪いというわけだ。だが実際のところ**ＥＱとＩＱのあいだに負の相関関係はなく、この説を裏づける科学的証拠もほとんどない**。研究者として優秀な人、とくに高ＩＱの人はときに偏屈だったり、変わり者だったりするし、ＩＱが高い者に対人関係障害が多いというケンブリッジ大学のサイモン・バロン＝コーエンの研究は説得力がある[10]。けれども高ＩＱ＝低ＥＱ説が出てくるのは、そういう例がことさら目だつからだろう。むしろそれは原則に対する例外なのである。

ＥＱが高い人間がリーダーとして効果的な働きをすることは、容易に想像がつく。組織人としての正しいふるまいとＥＱが関連していることは、多くの研究で立証されている。ＥＱが上がれば上がるほど、有毒な行動は表には出てこなくなるだろう。ＥＱだけで高潔かどうかの判断はできないが、ＥＱを基準に選定すれば、正直で倫理的なリーダーが増えることはまちがいない。

集団全体で比較すると**ＥＱの男女差は小さいが、ＥＱのほぼすべての要素において、女性のほうが高い傾向にある**。最近行なわれたＥＱ性差のメタ分析では、ＥＱで従業員やリーダーを選ぶと男性が極端に不利になるという結論さえ出た。しかしそれを逆差別と呼ぶなかれ。ほかの要素が同等であれば、男女に関係なく高ＥＱの人間のほうが昇進は速い[11]。

リーダーに求められ、高ＥＱで実現する重要な三つの資質、すなわち**変革的リーダーシップ**、**個人の効果性**、**自己認識**は、いずれも女性のほうが高いという研究結果も出ている。この三つについてくわしく見ていこう。

変革的リーダーシップ

ＥＱの高い男性リーダー、それにＥＱに関係なく女性リーダーの大半は、変革的リーダーシップを発揮している。たんにやるべきことを指示するのではなく、部下の心の深いところまで入りこんで態度や信念を変革しようとするリーダーだ。ミシェル・オバマやオプラ・ウィンフリーあたりを想像するとわかりやすい。相手の感情を鋭く察知し、対応できる人間は、やる気を引きだすのもうまい。変革的リーダーシップのあるなしは、ほぼＥＱで決まるといっていい。[12]

変革的リーダーは、改革の展望を実行可能な計画へと移しかえることができる。また部下や支持者にとって、頼もしいお手本にもなる。それに加えて、リーダーシップの「取引的」側面、業務の割りあて、部下の仕事ぶりの監視と管理、褒賞や奨励策の実施でも優れている。

これに対して**ＥＱが高くない男性は、自由放任型リーダーになりやすい**。部下は目的がわからず、方向性も定まらないため、士気も成績も低下する。これではリーダーが不在なのと変わりない。要するに、望ましいリーダーシップと結びつくのは高ＥＱのリーダーおよび女性リーダーであり、反対に望ましくないリーダーシップは低ＥＱのリーダーおよび男性リーダーから生まれやすいということだ。

ＥＱの男女差が、リーダーシップ発揮の結果や効果をどう左右するかを調べた研究がある。女性リーダーのチームが熱心で成績も良いのは、女性の高ＥＱによる部分が大きかった。[13] しかし意外なことに、**男性に多いと思われる起業家型や破壊型のリーダーシップが出現しやすいのも、高EQリーダー**であることがわかった。

女性リーダーの優秀さがこうして数字で現われるのは、男性より厳しい基準で選ばれたためかもしれない。ならば男性リーダーを選ぶ基準もぜひとも引きあげたいところだ。

個人の効果性

最初のうちEQは知能の一形態と考えられていたが、その後の研究で「個人の効果性」を最もよく表わしていることがわかってきた。**個人の効果性とは、日々起こる対人関係の問題をうまく乗りきっていく能力**のことだ。そのためには多少の自制心と打たれづよさが求められるが、どちらもEQの重要な要素である。またEQは、他者の感情や考えを理解できる共感能力と強く結びついている。個人が日常のあらゆる面で効果性を発揮するには、他者への影響力を持たなくてはならないが、共感力がその助けになる。

女性リーダーは男性より共感力が高い。女性は若いころから、さまざまな形で共感力を発揮できる。**人格面の特徴のなかで、男女間の開きが最も大きいのがこの共感力だ**。[14]

共感力が豊かなリーダーは、問題を他者の立場からとらえて柔軟に解決できる。

人生は実地のIQテストみたいなもの。ただし実生活でぶつかる問題はきっちり定義されていないし、絶対的な正解があるわけでもない。給料を上げてほしいと上司にかけあうべきか？　元気のない部下を復活させるには？　プレゼンテーションで相手の心をつかむにはどうすればいい？

私たちはそんな問題に対して、論理的かつ客観的に思える答えを見つけようとする。正解を教えてくれそうな自己啓発系の本や動画はちまたにあふれているが、人生で起こるすべての問題にあらかじめ正解が用意されているわけではない。それにあとから振りかえって、別の対応を選択したらどうだったかを知ることもできない。

となると、その人が状況にうまく対応できるかどうかは、性格から判断するのがいちばんだ。実生活の個別の状況で、最善の答えを見つけるのがうまい人はたしかに存在する。その特徴をひとことで表わすなら、EQが高いということだ。

高EQリーダーの典型的な特徴に、打たれづよいことがある。重圧に押しつぶされず、逆境をはねのけることができるのだ。フェイスブックの最高執行責任者シェリル・サンドバーグは、アダム・グラントと共著で出版した『OPTION B（オプションB）

逆境、レジリエンス、そして喜び（Option B: Facing Adversity, Building Resilience, and Finding Joy）』（日本経済新聞出版社刊）のなかで、休暇中に心臓発作で夫が急死したあと、大きな喪失からどう立ちなおったかを記している。[15] これほどの悲劇に見舞われたとき、人はどう対応するのが最善なのか。IQテストとちがって、あらかじめ決められた正解はない。仮にあったとしても、苦難に打ちのめされているときに、はたしてそれを実践できるだろうか。

激しく動揺して正気を失いそうなときでも、冷静さを保ち、個人の効果性を維持するにはどうしたらいいのか。そこでものを言うのがEQだ。サンドバーグも当初は五里霧中だった。しかし持ち前の打たれづよさと高いEQを発揮して平常心を保ち、いくつかの選択肢からうまくいくものを決めたのである。彼女はその過程と率直な信条をブログに書き、さらには本として世に出した。[16] 誰もがサンドバーグのようにできるわけではないが、高いEQの持ち主ならば正しい答えにたどりつく可能性が高い。サンドバーグは「テフロン・リーダー」の異名をとるだけあって、将来どんな困難にぶつかってもうまく切りぬけるにちがいない。

個人の効果性の大きな部分を占めているのが自制心だ。女性は幼いころから自制心が強い。そのことは数十年にわたる心理学研究でも裏づけられている。女性は男性にくらべて、自分を強く押しだすことが世間でよしとされない風潮も関係あるだろう。[17] 権力の濫用など有毒な行動に対抗するうえで、自制心は重要な武器となる。実際のところ、反社会的行動の大半は、長期的に得をする無難な選択肢があるにもかかわらず、いま欲求を満たしたい衝動を抑えられなかった結果だ。

二〇〇八年の世界金融危機のときがそうだった。大手金融機関が次々と破綻し、仕事と家を失う人が続出して、政府による救済措置も過去に例のない規模となった。とりわけ打撃が大きかったのが小国アイスランドだ。この国は急速な経済成長で銀行システムが拡大し、GDPの九〇〇パーセントに達していた。このころ金融界で働いていた二人の女性が、リスクをものともしない男性同僚たちのやりかたに疑問を覚え、「女性的」な価値観で金融サービスを提供しようとオイズル・キャピタルを設立した。不良債権やジャンクボンドには一切手を出さず、慎重な姿勢で投資を続けていたオイズルは、世界金融危機を無傷で切りぬけたアイスランド唯一の企業となった。

アイスランドは男女平等では先進的な国だったが、オイズルの成功は女性の社会進出と女性リーダーの増加に大きな役割を果たした。世界経済フォーラムが発表する男女格差指数で見ると、アイスランドは二〇〇八年から二〇一七年まで不動の第一位だ。また現在の首相も女性だ（女性首相は歴代で二人いるが、金融危機以前はすべて男性だった）。

　フランスのビジネススクールCERAMが二〇〇九年に発表した銀行業の研究では、女性リーダーの存在は組織に好ましい影響を与えると報告している。儲けに走る男性たちのリスクの高い投資にブレーキがかかるというのだ。さらに言えば、**経営幹部に女性が多いほど、金融危機に強いこともわかった**。これは危機後の株価の下落にも現われている。フランス発の国際金融グループ、BNPパリバは管理職の三九パーセントが女性だが、株価の下落は二〇パーセントですんだ。対してクレディ・アグリコルは女性の管理職が一六パーセントにとどまっており、株価は五〇パーセントも下がった[18]。

　EQが高める個人の効果性を考えるとき、もうひとつ注目したいのがアンガーマネジメントだ。アンガーマネジメントといっても、怒りや攻撃的な行動を静める特効薬があるわけではない。強烈すぎる負の情動は、むしろ人格の一作用だ。腹が立ったり、攻撃的になったりする状況は誰にでもあるが、そこでどんな反応を見せるかは個人差がある。それを左右するのがEQだ。**男性にくらべて女性が怒りを爆発させることが少ないのも、EQのちがい**で説明できる。攻撃性とテストステロンが密接に結びついていることはすでに立証ずみだが、体内のテストステロン量は男性のほうが多い。[19] ところが女性がそばに来るだけで、男性はテストステロンの分泌にブレーキがかかる。攻撃性が薄まって、欲求をいますぐ満たさなくてもよくなるのだ。

自己認識

自らの内面をよく観察し、自分への理解を深めること。それが自己認識の定義とされてきた。もちろんそれが本筋なのだが、間接的な側面も忘れてはいけない。それは自分が他者にどう影響しているか、他人が自分のことをどう思っているかを理解することだ。アメリカの女流詩人マヤ・アンジェロウの言葉にも、「相手が見せる姿を信じなさい」とある。その意味で自己認識とは他者認識にほかならない。**ＥＱが高い人は、自分の行動が他者にどう影響し、どう受けとめられるかわかっており、何かを発展させるときも、指導を行なうときも、その理解が出発点になっている。**自分のことをほんとうに理解したいと思ったら、半年間インドで修行するのではなく、身近な人たちの反応に目を向けることだ。

健康や幸福と同じで、自己認識は失ったときにありがたみがわかる。リアルな描写が話題になったイギリス発のコメディドラマ〈ジ・オフィス〉は、デビッド・ブレントやマイケル・スコットといった登場人物が、はたから自分たちがどう見えているかわかっていないところが笑いを呼ぶ。反対に自己認識能力が高いリーダーは、周囲からどう見られているかを理解している。だから有効な対応を選び、自らの評価を管理できる。

自己認識能力を測るには、きちんと設計された三六〇度分析で自己評価と他者からの評価の差を割りだせばよい。ある文献レビューによると、この差は女性リーダーより男性リーダーのほうが大きいという。男性の自己評価と標準偏差の開きは、女性より約〇・三ポイント高かったのだ。言いかえれば男性リーダーの六二パーセントは、女性の平均より高い自己評価を出すということだ。[20] さらに**男女ともにリーダーとして優れている人ほど、自己評価が正確かつ批判的になる**のも興味ぶかい。他者評価より自己評価が低くなるのだ。つまり相対的に自信がなく、謙虚であるがゆえに、いっそう精進するということだろう。

女性の自己認識能力の高さ、つまり自分が劣っているととらえがちなところは、野心を持つ女性が克服すべき欠点だとよく言われる。周囲にどう思われているか気になって

第一章 第二章 第三章 第四章 第五章 第六章 第七章 第八章 第九章

しょうがないことは、男女に関係なく経験があるはず。ただ女性は気分の落ちこみや不安が激しい傾向にある。リーダーをしていると、詮索されたり、審判を下されたりする状況はいくらでもあり、それをうまく乗りきることが女性リーダーの課題だと言える。顕微鏡をのぞくように自分を観察し、ほかの人の評価と比較することで、女性はより良いリーダーにまた一歩近づくはずだ。

第六章

良いリーダーはどんな見た目をしているか

一九九〇年代、スコットランドの首都エディンバラのカフェでは、ジョアンという三〇歳前後のシングルマザーはちょっと知られた存在だった。コーヒー一杯だけで何時間もねばり、テーブルに向かって原稿を書いている。ときには脇で赤ん坊がすやすや寝ていることもあった。何を書いているのと店員にたずねられたり、また出版社に断られたわと彼女がこぼすこともあっただろう。

才能を見きわめるのは難しい。一二の出版社に却下されたジョアンの原稿は、ようやく本になると世界で四億部以上を売りあげるベストセラーになった。ジョアンとは、ハリー・ポッターシリーズの作者J・K・ローリングのことだ。

ローリングの才能は疑いようがない。ハリー・ポッターシリーズは、史上最も売れた本の二〇作のうち七作を独占しているし、ひとりの著者による作品としては最大の部数を誇っている。[1] それでも彼女の可能性を見ぬけなかった出版社に断られつづけ、第一作がようやく出版にこぎつけたのは三一歳のとき。前払い金はわずか二〇〇〇ドル（約二二万円）だった。

もちろん可能性と才能は同じではない。スポーツ、軍事、科学、芸術、ビジネスといったそれぞれの分野で、秀でた力を発揮するのが才能だ。運やえこひいきといった要因を抜きにしてめざましい成果をあげたなら、それが才能ということだ。これに対して可能性はまだ見ぬ才能、待機中の才能、芽ばえたばかりの才能である。組織が才能より可能性を重視するのは賢明な判断だ。未来のリーダーたる人材は、ライバルより早く見つけだし、確保しておかねばならない。

いま役職についていない人間が、良いリーダーになれるのか。組織としては、その判断がきわめて重要になる。だがリーダー未経験で実績がないのだから、過去の働きぶりで評価することはできない。リーダーとしての将来性が見てとれるかどうかで判断するしかない。

リーダーシップの決定要素は多岐にわたるが、ひとつの要素に特化した単純なモデルでリーダーの将来性を判断するのがいまのはやりだ。アマゾンが重視するのは好奇心。

ツイッターを筆頭とするシリコンバレーの企業は成長志向にやたらとこだわるし、アメリカン・エキスプレスは根性を求める。機敏に学習できるラーニング・アジリティを条件に掲げる企業となると、多すぎて挙げきれない。また「コンピテンシー・フレームワーク」の名のもとに独自の指標を開発する企業も増えているが、中身をよく見ると、きちんとした理論体系と、願望も入った自社ＰＲがごっちゃになっていたりする。

ただ科学的なリーダーシップ理論が、現実に起きている問題や、企業が実際に応用することをほとんど考慮せずに発達してきたことも事実だ。科学と実地の隔たりは、いまに始まったことではないが。哲学者カール・ポパーも述べている。**すべての理論モデルは正確か、実用的かのどちらかだ**。両方であることはめったにないと。

リーダーシップの可能性とは果たして何なのか。その本質を私たちはきちんとわかっているのだろうか。リーダーシップの研究は広範囲にわたって行なわれており、効果的なリーダーに共通する特性があることもわかっている。その特性を抽出し、分類すれば、良いリーダーになる人間が予測できるはずだ。それには過去の研究から、過去の数百、数千の研究結果を集めて分析するメタ分析手法が最も適している。きわだって効果的なリーダーと、無能なリーダーの特徴を比較したメタ分析から、組織がリーダー候補を決める際に考えるべき三つの概念が明らかになった。

知的資本

リーダーシップに欠かせないもの、それはまず知的資本だ。具体的には**特定分野の深い知識、豊かな経験、適切な判断力**である。リーダーの役目を果たしつつ、部下の信頼も得られる。ドイツの哲学者マルティン・ハイデッガーは、深い知識がある者とない者のちがいについて、前者は問題から本質的でない部分を即座に切りはなすことができると書いている。チェスのプレーヤー、ワインショップの店員、ボーイング747の操縦士を考えるといい。確固とした知的資本を持つ人間は、問題の本質に関わることにすぐさま集中できる。素人はそうはいかない。どうでもいい特徴に気をとられ、ただの雑音を合図とかんちがいする。**知的資本が豊かな人間は、知識と経験に裏うちされた直観で問題を解決する**。だが当然のことながら、そこまでやれる専門的な人間は少数派だ。

ロンドン大学シティ校のアマンダ・グドールが中心となって行なった一連の研究から、**組織はその道の専門家が率いたほうがうまくいく**という結果が出ている。たとえば病院経営は、ビジネスや金融畑の人間ではなく、医師がやったほうがよい。バスケットボールのチームは、オールスター級の一流選手が経営するのがいちばんだし、F1チームも現役時代に勝利を重ねたドライバーにまかせるべきだ。[2] 大学にしても、運営管理が専門ひと筋の人間ではなく、科学者や研究者として活躍する者が学長を務めるほうが発展する。[3]

知的資本が豊かなリーダーは、組織の士気を高め、熱意を引きだす。ウィスコンシン大学のベンジャミン・アーツらは、リーダーの専門知識とチームの幸福度の関係を調べてみた。アメリカとイギリスのさまざまな組織に属する従業員三万五〇〇〇人に、「必要とあれば、ボスは私の仕事をみごとにこなすだろう」「ボスは仕事の実力でいまの地位を手にした」といった質問に答えてもらい、リーダーの専門知識に対する評価を探る。

回答を分析したところ、**リーダーの専門知識は部下のやる気を予測できる最も重要な材料であることがわかった——報酬よりも上だったのだ！** リーダーが交代した組織のデータを追跡してみると、因果関係は明白だった。既存のチームに新しいリーダーが就任した場合、新リーダーの専門知識が前任者より優れていると、チームの士気が上昇していたのである。[4]

幸いなことに、知的資本の大切さはどの組織も大枠で理解しているようだ。正規の資格や免許を持つ人間がリーダーに選ばれやすいことは、メタ分析でも確認されている。専門的な能力と知識を持つ者が管理職になった場合、その後の働きぶりだけでなく、創造性を発揮し、組織内で友好的にふるまうこと、非生産的な勤務態度を見せないことまで予測できる。そうしたリーダーは報酬が高く、昇進も速い。研修の指導者をまかされることもある。さらには転職回数も多い。いまより条件の良い転職先がいくらでも見つかるからだ。[5]

残念なのは、ＥＱなどのいわゆる「ソフトスキル」を専門知識に限定する組織が多いことだ。もちろん専門知識も重要なのだが、リーダーの可能性を見きわめるとき、とりわけ未経験者を管理職やリーダーに登用しようとするときは、それだけでは不充分だ。金融、製薬、ＩＴなど、高度な知識とＩＱが求められる業界では、この問題が顕著に現われる——**専門知識はあるが、リーダーの才能に欠ける人間がごろごろ転がっているのだ**。過去の実績で将来の働きが予測できるのは、状況が変わらないときだけ。単独作業が中心で、アルゴリズムで問題を解決してきた人間に、チームを率いるような役まわりをいきなり与えても、成果は出せないのがふつうだ。

ＩＱ偏重にならないほうがいい理由はもうひとつある。機械学習や人工知能（ＡＩ）の進歩はめざましく、いずれは人間よりも優れた問題解決能力を発揮するようになる。そうなると皮肉なことに、リーダーシップにおいては情動面、つまり「ソフトスキル」の比重が高くなってくるのだ。データや情報の処理、きっちり定義された問題の解決はもう機械にまかせればよい。**これからのリーダーにまず求められるのは、何より人間を管理する能力だ**。

社会関係資本

リーダーの知的資本を左右するのが社会関係資本である。**社会関係資本とは、その人が持っているネットワークや人脈のこと**。広告の父と呼ばれた伝説の人物、デビッド・オグルビーは「接触は契約の始まり」と名言を吐いている。あなたがリーダーになれるのか、どんなリーダーになるのかは、あなたが誰を知っているかで決まる。

組織の内外で広く深い人脈を持つ者ほど有能なリーダーになれる。このことは、組織心理学の多くの研究で立証されている[6]。リーダーシップの本質は影響を与えること。人間関係が豊かで幅広い人のほうが、影響を与えられる立場にあることはまちがいない。ビジネスだけでなく、政治や軍事の世界においても、組織内のネットワークの中心にいることがリーダーの影響力を知る指標になるという。[7] リーダーが中心的な存在かどうかを確かめる方法のひとつが、チームのメンバーへのアンケートだ。メンバーどうしが親近感を覚えているか。困ったとき誰に助言を求めるか。専門的な知識があると一目置かれているのは誰か、といったことを質問する。あるいは受動的な手段として、電子メールの送受信先、メールの頻度、相手どうしのつながりを調べる方法もある。

電子メールをやりとりする相手の数が多く、多岐にわたる。ただし相手どうしは結びつきが弱く、日常的にメールで連絡をとっているわけではない——そんな人は、相互関係が強い小さな集団でメールを送りあう人より影響力があると言える。つまりリーダーとしての成功は、人脈の深さと密度に比例するということだ。**「優れた人間は、優れた人間を引きよせ、つかんで離さないすべを心得ている」**とはドイツの詩人ゲーテの言葉とされているが、まさにそのとおりなのだ。

人材採用の場で紹介状や推薦状が重視されていることも、社会関係資本の大切さを物語っている。第三者の意見に重みがあることは、昔もいまも変わらない。メタ分析では、紹介状の有無と仕事の優劣に強い結びつきがないことがわかっている。それでも、採用担当者に近しい人間の推薦状やお墨つきがあればかなり有利だろう。[8] 人は口コミを信じやすい。しかも多くの人はリーダーの可能性判定が得意ではないゆえに、推薦者の意見がなおさら大きくものを言う。

社会関係資本にもとづく判断はとても微妙なものだ。「うちの会社にぴったり」という理由で採用が決まることもある。「うちの会社」とはいうものの、実際は採用担当者が所属する、社内でも優勢な集団になじむということだ。同じ一流大学の卒業生であるとか、ＭＢＡを持っている、専門分野（工学、法律など）がいっしょ、ときには宗教や民族など、暗黙の要素も関わっている。社会関係資本に、個人の社会経済的な地位が入りこむのだ。これはインドやイギリスなど、昔から出自や学歴が重視されてきた国だけでなく、能力主義を掲げる国でも見られる点が興味ぶかい。アメリカでさえ、キャリアの五〇パーセントは親の成功度で決まると言われている。哲学者マシュー・スチュワートも『アトランティック』誌に寄せた文章で、「アメリカでは親を選んだ時点でゲームは半分終わっている」と書いた。[9] ただ社会経済レベルと成功度は、昔からこれほど連動していたわけではない。アメリカでも一九七〇年代までは、三〇歳の人間の九〇パーセントが親よりたくさん金を稼ぐことができた。それだけ上昇できれば御の字だ。ところが現在は、親を超えられるのは五〇パーセントだけだ。[10]

心理資本

優れたリーダーに求められる最後の要素、それが心理資本だ。**心理資本とは、個人が自分の能力をどう導き、どう活用するか**ということである。その答えを見つけるには、リーダーの性格を**ブライトサイド、ダークサイド、インサイド**という三つの面から理解する必要がある。[11]

ブライトサイド

ブライトサイドを構成するのは、まずは**知性（学習能力）**だ。さらに外向的、野心的といった性格の傾向も加わる。自分の状態が最も良いとき、**自分の長所を前面に出そうとするときの行動**がここに現われる。

過去五〇年間の研究結果をもとに、リーダーの実力を予測できる心理的要素を調べたメタ分析研究では、**好奇心、外向性、情緒の安定といったブライトサイドの特徴だけで、リーダーの実力差の約四〇パーセントを説明することができた。**[12] また別のメタ分析からは、知能――性格とは無関係――もまたリーダーの資質の開きを予測できることがわかった。[13] こうした特徴が不可欠ということではないが、あったほうがリーダーとしては有能だと言える。

ブライトサイドは、優れたリーダーの足跡に大きく関わってくる。たとえばネルソン・マンデラが二七年間不当に投獄されながらも、敵対していた人びとを釈放後に許したのは、情緒が安定していたゆえだろう。デザイナーのココ・シャネルは並々ならぬ野心を燃やして貧困から抜けだし、世界有数の高級ブランドを築きあげた。ジェフ・ベゾスが創業したアマゾン・ドット・コムが世界最先端の企業となり、彼自身が大富豪になれたのは、持ち前の好奇心のおかげだった。

ダークサイド

人間の性格には望ましくない特徴もある。それがダークサイドだ。チームや組織を育てて実績をあげたり、長期的に繁栄させたりするのを妨げるのは、リーダーの持つダークサイドである。専門知識も技術もあり、人脈豊富で、卓越したブライトサイドを持っているのに、非生産的、自己破壊的な要素を制御しきれない人材は、いつの時代にも、どんな分野にも存在していた。第三章で紹介した自己愛やサイコパスは、リーダーシップ関係でよく見られるダークサイドだが、もちろんこの二つだけではない。

一九九七年、心理学者のロバート・ホーガンとジョイス・ホーガンは、リーダーを挫折させる一一のダークサイドを評価する科学的手法を開発した。現在は、ホーガン・アセスメンツ社がライセンスを持つホーガン・デベロップメント・サーベイ（HDS）が、リーダーの教育や指導の現場で広く活用されている。[14]

ホーガンが数百万人分のデータを分析した結果、どんな人でもダークサイドを少なくとも三つは持っていることが明らかになった。さらにおよそ四割の人は、いまは実力を発揮して成功していても、将来キャリアを台無しにしかねない強烈なダークサイドをひとつ、ないしは二つ持っているという。

ダークサイドとされる特徴は、大きく三つのグループに分類できる。第一のグループは**「解離的特徴」**、文字どおり周囲がうんざりして距離を置きたくなるような特徴だ。頭に血がのぼりやすい。気分がころころ変わる。疑いぶかく、皮肉っぽい。受動的攻撃性もそうだ——礼儀正しく、悠然とかまえているように見えて、実は協力しなかったり、裏で足をひっぱったりすることである。これでは信頼関係は築けない。

反対に相手を引きこもうとする特徴もある。それが第二のグループ**「誘惑的特徴」**である。独断的なカリスマリーダーによく見られるもので、支持者を増やしたり、上司の威を借りたりして影響力を発揮する。自己愛とサイコパスもこのグループに入る。

第三のグループは**「迎合的特徴」**だ。部下の立場ならまだしも、この特徴を持つリーダーが成功することはまずない。細かいことに気を配って上の覚えをめでたくしようとするいっぽうで、些事にこだわったり、部下を縛りつけるような管理をする。もはやリーダーではなく、権威にすりよって服従するただのイエスマンである。

インサイド

社風になじむのか、新しい風土を創造するのか判断を迫られるとき、本人の価値観が羅針盤の役目を果たす。そんな**本質的な価値観に根ざした性格の特徴**、それがインサイドだ。たとえば伝統を重んじる価値観のリーダーは、善悪の区別が厳密だし、階層的な組織をつくろうとする。逸脱や改革に対する抵抗感も強い。そんなリーダーが創造性豊かなチームを率いても、苦労するのが目に見えている。反対に協調を大切にしたいリーダーは、揺るぎない人間関係を構築し、維持しながら、協力体制で仕事を進めようとするだろう。そんなリーダーが、個人主義が徹底していて、個々の役割がかっちり決まっている社風に合わないことは明白だ。人びとの幸福や世界の進歩を理想とするリーダーが、利益追求の組織でうまくやれるはずがない。

こうしてみると、知的資本、社会関係資本、心理資本が三拍子そろっている人間は、良いリーダーになれることがわかる。だが絶対ではない。その理由をこれから説明しよう。

リーダーとしての才能――性格も適材適所で

リーダーの才能は普遍的なものだが、現実にどうふるまう（べき）か、それがどう評価されるかは状況に左右される。

人気絶大の指導者が、異なる文化でも支持を集めるとはかぎらない。ドイツの企業でバリバリ働いていた管理職も、インドネシアに転勤になったら苦労続きかもしれない。非政府組織で優秀だった人が、ＩＴを駆使した金融業界に転職してうまくいくだろうか。

歴史に名を残すような人物でもそうだ。ウィンストン・チャーチルは頑固で偏執的な性格が幸いして、戦時の政治指導者としてあざやかな手腕を発揮したものの、平和が戻ってからは精彩をすっかり欠いてしまった。ウォルト・ディズニーが『カンザスシティ・スター』紙をクビになったのは、上司によると「発想が乏しい」からだった。オプラ・ウィンフリーも、初めてテレビ番組の司会をまかされたとき、「話を伝えるとき感情的になりすぎる」という理由で降板させられた。そして二〇一八年七月現在、ドナルド・トランプ大統領の支持率は民主党員で八パーセント、共和党員で八七パーセントという数字となっている。これほど賛否両論が極端な指導者もめずらしいが、それはすなわち実績――および世論の評価――が文脈に左右されることの現われだろう。適所で活躍できる性格を才能と呼ぶならば、そこが適所かどうかは、才能それ自体と同じぐらい重要だ。

そのためリーダーシップの研究では、文化との関係が重視される。この関係を決めるのは、行動規範、価値観、容認度といった要素だが、昨今の企業は標語で自社の文化を社会に訴えることが多い。グーグルは「邪悪になるなかれ」、フェイスブックは「すばやく動いて破壊せよ」、アップルは「発想を変えろ」だ。もう少し歴史のある企業だと、GEは「むだを省いて速く進め」、トヨタは「改善」、イケアは「謙虚さと意志力」になる。

企業がこうした標語をつくるのは、自社文化をわかりやすく伝え、従業員がそれを指針として迷いなく行動できるようにするためだ。企業文化には上層部、とりわけ創業者の価値観が色濃く反映されている。[15] というより、創業者の理念そのものと言ってもいい。フェイスブックCEOのマーク・ザッカーバーグは、上院公聴会でプライバシーの侵害について質問されたとき、こう切りかえしている。急成長する企業が過ちをおかすことは避けられない――だがそれが「破壊する」ということだ。集団や組織の文化は、個人の価値観と同じぐらいいろいろなのである。

では文化が変わると、リーダーシップはどう変化するのだろう。中小企業からフォーチュン一〇〇に名を連ねる大企業、さらには国家に至るまで、高潔で、有能で、対人関係に優れた人間が指導者の座に就いたほうがいいに決まっている。しかし細部になると、リーダーシップの型のちがいで効果に差がつくのだ。社会心理学者ヘルト・ホフステードが、世界各地で働くＩＢＭ社員の姿勢や価値観を比較してつくりあげた文化モデルは、リーダーシップの型のちがいを理解するための古典的な枠組みだ。[16] このモデルでは、職場での行動や態度を次の四つの文化的側面に分類している。

支配

支配的な文化では、独断的で自信過剰、権威主義を振りかざすリーダーが生まれやすい。したがって、男性リーダーへのこだわりが強く、女性リーダーへの抵抗が根強い。男性リーダーでも、周囲と感情を同調させ、相談を怠らず、人を育てながら仕事をするタイプは嫌われる。男性しかリーダーになれないのが当然とされ、リーダーはいかにも男らしいふるまいをすることが期待される。支配度の高い国の例はメキシコ、日本、ナイジェリア。反対に低い国はスウェーデン、アイスランド、ノルウェーだ。[17] 業種でいえば、銀行、法律、軍隊の支配度が高く、教育、PR、非営利活動は支配度が低い。

自発性

自発性、即興性がどこまで許されるかは、文化によって開きがある。**自発度の高い文化はあいまいさを容認する**。細部まで計画を詰める必要がなく、規則や過程をきっちり決めなくてもものごとが回っていく。そんな文化でリーダーとしてやっていくには、高い適応力と即興力が求められる。反対に自発度が低い文化では、リーダーも部下も規則にがんじがらめで、個々の判断が求められる状況が苦痛で心もとない。自発度の高い国の代表はアルゼンチン、ブラジル。シンガポールや日本は反対に慎重だ。自発度が高い国は、概して男性リーダーを好む傾向にある。男性のほうが大雑把で、リスクをいとわないからだ。

個人主義

その言葉のとおり、**個人の行動が重視され、チームより個人の業績が評価の対象**になる。所属集団の境界線が比較的ゆるやかで、大勢に同調せず、独自性を出すリーダーが称賛される。リーダーも部下も自分が目だとうとするため、集団行動は思うようにいかない。その他大勢とは一線を画して注目されるので、誰もがリーダーになりたがる。反対に集団主義的な文化では、個人の業績よりチームとしての働きが重視されるため、控えめなリーダーが好まれる。個人主義度が高い文化のリーダーは、単独で決断したり、手続きを進めたりする自由が大幅に認められるが、集団主義度が高い文化では、合意形成と民主主義的な意思決定が不可欠だ。個人主義度の高い国の代表はアメリカ、イギリス、オーストラリア。集団主義度の高い国は中国、韓国、インドネシアだ。個人主義度が高い業界は金融と学術、集団主義度が高いのは軍隊とプロスポーツだろう。女性はリーダー、部下のどちらの立場でもチーム志向が強いので、個人主義的な文化が有利に働くのは男性リーダーのほうだ。

地位

地位に対する考えかたも文化によって異なる。**社会的地位を重視する文化では、個人に大きな権力が集中したり、ひと握りの人間がいい思いをすることが当たり前だ。**そんな社会では、リーダーは権威が強く、さまざまな特権を享受できる。社会的・経済的な不平等も大きく、下の人間は、社会的地位がある者を無条件でリーダーとして受けいれなくてはならない。もちろん部下が上司を批判することもためらわれるので、リーダーの耳に建設的な批判やフィードバックが届くことはまずない。反対に地位志向が弱い文化は、平等主義と能力主義が浸透している。性の多様性を受けいれる素地があるし、変わり種のリーダーも迎えいれるし、ときにはあえて異分子を入れようとする。地位を志向する文化の代表は中国、インド、ナイジェリア。地位や身分のちがいをあえて拒否するのがオランダ、ドイツ、デンマークだ。軍隊、医療、中央省庁は地位志向がはっきり現われる業種で、メディア、娯楽、ＩＴといった業界は地位志向が弱い。地位志向の文化は伝統を重視して現状を変えたがらないため、女性がリーダーとして活躍するのは難しい傾向にある。

だが**望ましいリーダー像をとことん突きつめるなら、国や業種の文化、さらには組織の風土も気にしないほうがいい**。果たすべき役割のなかで、いちばん成果があげられるのはどんなリーダーか。それだけを基準に考えるべきだ。どの組織にも、優秀なリーダーとダメリーダーの実例がいるはず。さらに過去のデータも活用しながら、その組織ならではのリーダーの条件をあぶりだしていく。もちろん、昔うまくいったことが、今後も通用するとはかぎらない。また些細な変化も波紋が大きく広がるため、状況の変動につねに気をもむのが組織の常だ。それが足かせとなって、基本をきちんと整えられなかったり、新しい挑戦ができないことも多い。

基本を整える

リーダーの条件はそれほど難しいものではない。リーダーに求められる才能も、国や業種に関係なく本質的には同じだ。ならばどの組織も優秀なリーダーをそろえられそうなものだが、あいにく現実はちがう。いったいどうして？　ぴったりのリーダーを見つけたり、いまいるリーダーの質を上げたりできないのは、組織のリーダーシップ観に五

表6－1
リーダーシップに関する（誤った）既成概念と科学的見解の比較

リーダーシップの具体的内容	既成概念	科学的な見解
リーダーの定義	責任者、もしくは権限を有する者	チームをまとめて勝利させること
リーダーの目標	トップに立つこと、成功すること	チームがライバルをしのぐ成績をあげること
リーダーの実績	リーダーとしてのキャリアが証明する	チーム全体の成績に左右される
部下の役割	リーダーの成功を助ける	共通の目標に向けて力を合わせる
リーダーに求められる資質	自信とカリスマ	能力と高潔さ

つの誤りがあるからだ（**表6－1**）。

表にもあるように、リーダーを正規の権限を持つ責任者と位置づける組織が多いが、研究で裏づけられたリーダーの定義はそうではない。**リーダーとは、共通の目標に向かって集団の協力体制をつくりあげる者**のことだ。したがって、周囲を鼓舞して協力体制をつくることができれば、**正式な権限や役職がなくてもリーダーということになる**。

反対に責任者でありながらリーダーの役目を果たせない者、チームをまとめる才能に乏しい者もいる。個人としての過去の実績を評価してリーダーに抜擢すると、こうした能力と立場の食いちがいが起きやすい。この場合、リーダーの地位はただの象徴であり、過去の努力の認定にすぎない。

リーダーがめざすのは、集団や組織の頂点に立つことではなく、ライバルよりも優れた仕事をチームにさせることだ。わかりやすいのはプロスポーツの世界だろう。競技のルールも目標もきっちり決まっているし、選手の働きぶりもデータではじきだされる。もっともほとんどの組織は、ここまでものごとを明確にできない。しかたがないので、過去の実績を頼りに判断するしかない。指導者としての地位が高ければ、リーダーシップがあると考えるのだ。

リーダーに才能があるかどうかは、率いるチームの実力を客観的な視点でとらえる必要がある。比較対象がなかったり、判断を混乱させる要因がからんだり、データ不足だったりして、**客観的な評価ができない場合は、チーム全体の士気が高いかどうかに注目しよう**。士気が高いとみんなが力を発揮するし、その結果チームはますます意気さかんになる。またリーダーのふるまいをよく理解しているチームほど、士気は高まる。部下がめざすのは、リーダーの個人的な成功ではなく、チーム全体の目標を達成すること。リーダーはその支援にまわる役まわりだから、自信過剰もカリスマ性も不要で、むしろ求められるのは高い能力と清廉さだ。

第七章

直感を疑ってかかれ

優れたリーダーをいかにして見つけるか。私はさまざまな組織にその方法を指導してきた。多国籍企業のような大きな組織ともなれば、選定の手順も洗練されて、さぞかし優秀なリーダーがそろっているのでは……。だが実際にリーダーたちと話をしてみれば、そうではないことがすぐにわかる。最近も、ある投資銀行の上級役員とこんな会話をかわした。

私「リーダーの可能性があるかどうかは、どこで判断しますか？」
役員「ピンと来るんだよ！」
私「もう少し具体的に教えてください」
役員「そんなもの、見ればわかるんだ」

世界的な成功をおさめた大企業がこれだ。あまたの平凡な会社は推して知るべしだろう。

私はシンクタンクのコーポレート・リサーチ・フォーラムと共同で、一流グローバル企業の人事トップを対象に調査を実施した。それによると、リーダー候補者の適性は上司の主観的な意見で決めるという回答が七五パーセントを占めていた。[1] 組織としては、客観的に選んでいると思われたいのが真情だが、おそらく直感で決めている割合はもっと高い。

なぜそこまで直感に頼るのか。それはリーダーとしての実力をきちんと測定できないからだ。組織はリーダーの人材発掘に熱心なわりに、選択の結果が正しかったかどうか確かめることをしない。

リーダーに求める資質がわかれば、あとはそれを持つ人間を見つけるだけ。難しい話ではないはずだ。意外に思われるかもしれないが、リーダーの可能性を確実に判定できる手段は、もう何十年も前から存在している。だがここで問題にぶつかる。私たちは直感を信じたくてたまらないのだ。たとえそれが誤りだったとしても。

すでにおわかりのとおり、組織はリーダーの人選にしょっちゅう失敗している。やりかたが悪いのに、なぜそのことに気づかないのか。理由その一は、リーダーを選んだ人間が、往々にしてその後の評価に大きな影響を与えるからだ。面接での対応が好印象で、採用にこぎつけた者がいるとしよう。入社後の評価は、面接を担当した同じ人間が行なうことが多い。つまり採用判断が正しかったかどうか、答えあわせを迫られるということだ。そうなると、意図しなくても失敗を隠したくなるものだ。そして採用担当者の判断を誤らせた先入観は、実際に働きはじめてからの評価もゆがませる。それを否定する客観的な事実がなければ（あっても無視されたり、誤って解釈されることもあるが）、先入観はますます強化されていく。

このように、採用の仕組みに問題があって組織の判断が曇る場合、男女の別は関係ないように思える。しかし実際には、女性のほうが不利になっているようだ。この点を掘りさげた論文や書籍はたくさんあるが、内容をひとことでまとめるならこうなる——**リーダーシップに必要とされる特徴を押しだす女性は叩かれやすい**。野心的で、危険をいとわず、断定的に意見を述べる女性は、男みたいだとして敬遠されるのだ。ではそういう特徴を見せず、**女性的にふるまえばよいかというと、今度はリーダーらしくないとあっさり落とされる**。[2]

ヒラリー・クリントンがそうだった。前回の大統領選では、冷淡で野心的、感情がなくロボットのようだとさんざん批判された。その形容がたとえ真実であったとしても、クリントンが男性だったらそこまで否定的な意味にならなかったはずだ。というより、冷淡で野心的、感情がないことを非難されたり、それでリーダーへの道が断たれた男性がかつていただろうか？　クリントンは二大政党のひとつから大統領候補に指名された初の女性だ。女性である事実は変えようがないのに、それだけでスタミナ不足だ、ひよわだと攻撃される。型にはまった良き指導者像の根底にある強烈な偏見が、女性を身動きのとれない状況に追いこむのだ。**男っぽい特徴を見せれば女らしくないと揶揄され、女性的にふるまえば指導者にふさわしくないとそっぽを向かれる。**競争相手の男性より優れた資質と実力を備えていないと、リーダーの地位をめざすのもままならない。[3]

組織がそんな偏見に振りまわされることなく、正しい人材をリーダーに採用するためには、主観的な判断を極力排し、リーダーの働きを測る基準を確立しなくてはならない。リーダーの働きとは、目標達成に貢献するさまざまな活動の総和だ。それを客観的に測定できれば、リーダー採用の仕組みが機能しているかどうかも判断できる。どこが誤っているかはっきりさせないと、改善の試みも運だのみで終わるだろう。

知的資本の評価、またの名を問題だらけの面接

リーダーの資質を見きわめるとき、**まず注目すべきは知的資本だ**。専門技能、知識、正規の資格や免許といったもので、これは履歴書やリンクトインのプロフィール、オンラインポートフォリオから知ることができる。昨今は心理資本に注目が集まるにつれて、知的資本への比重は下がる傾向にある。それでも知的資本は一定の役割を果たしており、とくに候補者をふるいおとすときに役に立つ。それに専門的な技術や知識の裏づけがないと、部下の信頼を得ることもできない。

知的資本を判断する一般的な方法が面接だ。職種や業界、組織の規模や種類に関係なく、リーダーを選ぶときに面接は二度、三度と行なわれる。とくに外部応募者の場合、適性を判断する手段は面接しかないといってもいい。もちろん他の手段を併用するにしても、面接が最も重要であることに変わりはない。試験の成績がいくら良くても、面接でダメなら採用には至らない。

面接はごく一般的に行なわれているだけに、データも豊富だ。面接が実力を正確に予測できる手段かどうかを調べた研究は数百件もあり、メタ分析も一五を下らない[4]。そこ

からわかったのは、構造化面接の有効性だ。構造化面接とは、事前に作成した点数化テンプレートを使って、候補者の適性を探るやりかただ。職務に求められるさまざまな条件と、職務にふさわしくない特徴（自信過剰、カリスマ、ユーモアなど）を点数にしていく。構造化面接では、たとえば次のような質問をする。

専門知識について

- **エクセルを使ったことはありますか？**
- **パイソンで書かれたソフトは扱えますか？**
- **フランス語でプレゼンができますか？**

リーダーの適性について

- **自分のチーム管理能力に1から10の範囲で点数をつけるとしたら、何点ですか？6が平均です。**
- **イノベーションチームのリーダーを務めた経験はありますか？**
- **あなたはリーダーとしてチームに積極的に関与するタイプですか、それとも自**

由にやらせるタイプですか？

すべての候補者に同じ質問を同じ順序で問いかける。候補者の回答の解釈基準も、採用担当者のあいだで統一しておかねばならない。

構造化面接はそうでない面接よりも、候補者の可能性をより客観的、効果的に把握できる[5]。自由回答にすると、予想外の答えが返ってきて解釈や分析に困ることがある。また型にはまらない質問を適当な順序で投げかけても、求められる具体的な能力や条件と結びつかない。このような非構造化面接は、候補者に自分を表現してもらうためのものだ。場をなごませる質問や、巧妙な質問に対して、とくに方向性を決めることなく、候補者にその場で自由に答えさせる。非構造化面接の質問には、たとえば以下のようなものがある。

会社の場所はすぐにわかりましたか？
なぜわが社で働きたいと思いましたか？
前の会社にはどんな経緯で就職したのですか？

趣味はありますか？
五年後のあなたはどんなところにいると思いますか？
あなたの最大の弱点は何ですか？

非構造化面接は、候補者への偏見を助長しやすく、職務とは関係ない要素（人種、性別、年齢など）で採用が決まる傾向にある。いくら排除しようとしても、採用担当者の判断に入りこんでしまうのだ。考えを追いはらおうとすればするほど、頭にこびりつくことは心理学の研究で確認されている。シロクマのことを考えまいとすると、頭のなかはシロクマでいっぱいになるわけだ。[6] 同様に候補者の国籍、民族、性別を無視することはできない。それに第四章で述べたように、人間はたった数秒のやりとりで相手の印象を決めてしまう。握手ひとつでさえ、無意識のうちに採用担当者の判断を左右するのだ。[7]

ハーバード・ケネディスクールのアイリス・ボーネットらが行なった最近の研究では、リーダーシップの構造化評価の利点があらためて確認された。主要な採用基準に照らしあわせながら、グループ面接で比較することで、それぞれの可能性を正確に評価できるし、型どおりの男女観にとらわれず、より合理的な採用判断を下せるというのである。

標準化した形式で複数の候補者を同時に比較し、評価することが、偏見を最も少なくできる方法なのだ。

これに対して、個別面接では「男性は野心的で頭の回転が速い、女性は思いやりがあって良心的」といった社会通念に無意識に頼ろうとする。非構造化面接や主観的な評価手法は、採用担当者の先入観を活性化させてしまうのだ。[8]

心理資本の評価、またの名を科学的検査の利点

心理資本を正確に測る最善の方法、それは知能検査と性格検査だ。[9] 知能検査は一般的な推論能力、それに問題解決や思考の程度を測るもので、学習能力やＩＱ、つまり頭脳が何馬力で働くかを知るのに使われる。知能検査の結果が、日々の仕事で直面する問題とどう結びつくのか？　と疑問に思われるかもしれない。だがほかの手段やデータを考慮したとしても、仕事をこなす能力、そしてリーダーの資質を予測できる最も優れた手がかりなのだ。知能検査は費用対効果も高い。ひとり当たり三〇ドル（約三三〇〇円）未満で内容の濃い検査が受けられる。

もちろん、検査だけですべてがわかるわけではない。採用や昇進がかかっていると思うと緊張して、本来の力が出せないこともある。受験者の氏名を赤で書いただけで、試験結果が低下したという研究結果もあるほどだ。またマイノリティ集団には、知能検査が不利に働くこともある。属性に関係なく、能力本位で人材を登用するための検査が、かえって不平等を助長しかねないのだ。またリーダー適性に関しては、知能検査だけでは充分に予測できないこともある。リーダーの候補者ともなると、結果のばらつきが少なくなるからだ。知能検査の結果が大いに参考になるのは、役職なしの従業員をリーダーに抜擢するときだ。

性格検査は、人が本来持っている価値観や信念、それに行動傾向——状況に対する反応のちがい——を明らかにするものだ。性格に**ブライトサイド**と**ダークサイド**があることはすでに述べた。望ましい傾向とそうでない傾向だ。科学的に有効な性格検査では、**ブライトサイド**を構成する領域を五つに分けており、それは**ビッグファイブ**とも呼ばれている。**外向性**、**協調性**、**勤勉性**、**情緒安定性**、**経験への開放性**だ（呼びかたは多少変わることもある）[10]。この五つの領域のごく一部を、性格の特徴としてとらえる見かたもある。たとえば楽観性は外向性の一部だし、達成への欲求は勤勉性に、ストレス耐性は情緒安定性に属する。反対にこれら五つを組みあわせて総合したものがＥＱだ。多くの性格検査は、実施する組織がそれぞれの文化や環境、求められるリーダーの役割に応じて微調整できるようになっている。

性格検査は自己回答が基本であるため、いかようにも操作できるという批判もある。だが入念に設計され、検証された検査であれば、回答者が「正しい答え」を当てるのは難しい。

それはなぜか。まず質問から評価の目的が読めない。たとえ意図が理解できたとしても、期待する答えが特定できない。わかりきったことをたずねる問いが多いが、だからといって答えまで明白なわけではないのだ。たとえば「自分の才能はすぐ周囲に認められる」という質問に「当てはまる」と回答すると、ＥＱが低く、自己愛度が高いことになる。この質問に同意する者は、傲慢で権利を振りかざす行動をとりやすい。それはＥＱが低い人間の特徴だ。

たとえ回答を操作していても、それはそれで役に立つ。質問の意図が推測できることは、仕事をするうえで望ましい能力と解釈されるからだ。つまり偽装しても、正直に答えても、実力を測る有意義な回答が得られるということ。とりわけリーダー適性を判断する際には、回答者が本心で答えているか、検査結果が「ほんとうの人物像」を反映しているかどうかは、あまり意味を持たない。リーダーになったときの仕事ぶりが予測できさえすればいいからだ。そもそも、どんなに誠実な人だって自分にとことん正直ではいられない。ときに自分をあざむくこともままあるのだ。

性格検査から、リーダー候補者の価値観を知ることもできる。能力は高くとも、求められる役割や組織の文化になじまないこともあるだろう。ただし変革を期待するのであれば、現状にぴったりはまるのではなく、**多少のひっかかりを持つ人間をリーダーに選んだほうがいい**。既存の社員たちのコピーのようなリーダーでは、現状は変えられないだろう。**かといってあまりちがいすぎるのも考えものだ**。そんなリーダーは自己崩壊して終わるのが目に見えている。

価値観は、好き嫌いや規範意識の方向を示す羅針盤だ。新しく就任したリーダーが、これからチームや組織でどんな文化や雰囲気をつくっていくのか。それを決めるのが価値観だ。またリーダーは、意識するしないにかかわらず、部下に自分と似た価値観の持ち主を選ぼうとする。

ただしリーダーの価値観をいきなり知ろうとしても意味はない。まずは自らの組織の価値観を解明しておかないといけない。しかし残念ながら、そのことを軽視する組織は多い。感覚的で非現実的な将来像を語るばかりで、いまの組織の価値観、つまり文化を正確にとらえる努力を怠っているのだ。[11] 企業は起業家精神、先進性、結果重視、多様性といった言葉をちりばめて自社を表現するが、実際に働く社員たちをとりかこむ文化はまったく別物だったりする。関係者の意見や経験を広く吸いあげる企業風土調査を実施すれば、上級役員の広げる大風呂敷とはちがう、ほんとうの組織文化が見えてくるはずだ。

守備範囲が驚くほど広く、どんな環境でも力を発揮できるリーダーもいるだろう。だがそれはあくまで例外で、実際は環境に左右される人がほとんどだ。前の組織や役目で活躍できた人が、次でも実力を出せる保証はない。[12]

新たな才能の徴候を見つける、またの名をテクノロジーの活用

デジタル革命、とくにスマートフォンの爆発的な普及によって、才能発掘の手段もこの数年で劇的に変わってきた。組織が人材を判断するとき、いちばん役に立つ手がかり

はその人の評判だろう。もちろんそれはいまに始まった話ではない。遠い昔、私たちの祖先が小さな集団で生活し、ほかの集団とひんぱんに交流や接触をしていたころも同じだった。もっともその当時は、誰が信用できるかよくわかっていたし、才能がある者を見つけて、正しい指導者を選ぶのもかんたんだったはずだ。

しかし現代ではそうはいかない。名前も知らない人と毎日接触しなくてはならないし、ろくにつきあいのない人について重要な決断を迫られることも多い。そんなとき、自分の限られた経験を補ってくれるのがテクノロジーとブランドだ。この流れを受けて、人材発掘のやりかたも変容しつつある。

候補になる人材を見つけだし、調べあげて、リーダーに仕立てていく作業は、データがあれば格段にやりやすいし、時間と費用の節約にもなる。組織の人材発掘を後押しする新しいテクノロジーはすでにいくつか出現しており、人材紹介業界は恐々としている。なかでも、才能や可能性の徴候を正確に見きわめる最新技術には期待が持てそうだ。

労働力分析（ワークフォース・アナリティクス）

いまや私たちは、働いている時間はほぼずっとオンライン状態だ。行動、好み、思考のデータをデジタル・フットプリントとしてあちこちに残している。最近では従業員のオンラインでの動向を監視・評価して、仕事への熱意、成果、可能性の判断に活用する企業も出てきている。

この種の試みで最先端にあるのがコールセンターだ。オペレーターの受電件数や受電間隔、問題解決件数、顧客の満足度といった膨大なデータを蓄積し、追跡しているのだ。ここで培われた技術が、他のさまざまな業種で、管理職や指導者の適性判断にも活用されるにちがいない。

たとえば電子メールの送受信件数から売上高や利益、チームの熱意を予測することも可能になるだろう。これらはリーダーの実力を直接測れる確かな物差しだ。だが日々の動向を追跡していると膨大なデータが蓄積され、人間では扱いきれなくなる。**これからはアルゴリズムを使って、個人やチーム、さらには組織全体の実態を分析する手法が主流になるだろう**。個人のデータを掘りおこされることに異論が出るかもしれないが、電子メールなど業務関連のデータを情報源として、従業員の働きかたを分析する行為に何ら問題はない。それにコンピューター生成のアルゴリズムを用いたほうが、正確で公正な分析ができる。管理職は自分の仕事に追われ、部下全員の仕事ぶりを細かく観察できるわけではないからだ。

ウェブスクレイピング

これからはウェブやソーシャルメディア上の活動データ、いわゆるデジタル・フットプリントを収集し、仕事での可能性や才能の予測に活用する企業も出てくるはずだ。二〇一二年に始まった研究では、ウェブスクレイピングというこの手法で、従業員のIQや性格について信頼性の高い推測が得られると報告されている。[13] デジタル・フットプリントの内容は多岐にわたる。リンクトインの推薦文や評価など、**本人が仕事を意識して集めるものだけでなく、同僚や顧客、友人、家族が投稿するコメント、画像、動画まで含まれる。フェイスブックやインスタグラムといったゆるやかなプラットフォームで、**

こうなると当然の流れだが、オンラインでの人物評価を監視し、必要に応じて「浄化」

してくれるビジネスも登場する。レピュテーション・ドット・コムがその代表例だ。ただウェブスクレイピングには法的、倫理的な懸念もある。採用応募者にソーシャルメディアのパスワードを要求する企業もあり、すでにアメリカでは少なくとも二三州がパスワード提出を法律で禁止したり、禁止を検討している。

さらに厳しい方針を打ちだしているのがＥＵだ。ＥＵ一般データ保護規則は、企業が消費者の同意なしにデジタル記録を収集することを制限している。それでも本人から明確な合意を得れば、プライバシーの権利を踏みにじることなく、デジタル記録を分析することは可能だ。転職や昇進に有利に働いたり、自分の才能を売りこめるとなれば、ＡＩによるデータ収集と分析に同意する人は多いだろう。もともとオンラインに「たれながし」だったデータが、キャリアを押しあげてくれるかもしれないのだから。フェイスブックを分析したＡＩが外向的な人物と判断すれば、販売やＰＲの業種が向いている。ツイートの内容から好奇心が強いと分析された人は、新しいことが多く学べる仕事を探すだろう。スポティファイのプレイリストから情緒不安定ぎみの判定が出たら、リーダーをめざす前にアンガーマネジメントの研修を受けたほうがいいかもしれない。

採用はゲームで決める

従来の知能検査や性格検査は時間がかかるし、退屈なものだった。しかし最近、ゲーム感覚でＩＱや性格を調べる手法が開発されている。受検者はパズルを解いたり、挑戦をクリアするとポイントやバッジを獲得できる。そのねらいは受検者を増やすこと。ゲーム形式で無料のオンライン検査を提供し、その場で判定が出るようにすれば、多くの参加者を集めることができる。

すでにレキットベンキーザー、レッドブル、デロイトといった企業が、とくにミレニアル世代を採用するときにゲーム形式の評価を行なっている。ただ、楽しさと科学的な正確さを両立させるにはもう少し工夫が必要だし、従来型の検査より開発も運営も費用がかかる。それでも企業がゲーム型検査に大いに関心を向けるのは、楽しい職場だと思ってもらい、ふつうなら応募してこないような人たちを惹きつけて、才能を発掘したいからだ。

スマートバッジ

「ピープルアナリティクス」という言葉を提唱するベン・ウェイバーは、マサチューセッツ工科大学の研究室から立ちあげたヒューマナイズ社でスマートバッジを売りだした。これは各種センサーを詰めこんだ小型デバイスで、バッジのように社員に着用させて、移動や会話、生理学的反応（ストレス、興奮、退屈など）を追跡するというもの。個人を特定しない集団単位での分析でも、社内の隠れた人間関係など、それまでわからなかったことが判明したという。

ウェイバーたちがスマートバッジを使って行なった研究が『ハーバード・ビジネス・レビュー』で報告されている。大規模な多国籍企業における男女の行動差が、女性の上級管理職が少ない状況（二〇パーセント）に関係しているかどうかを調べたものだ。[14] 研究では管理職数百名にスマートバッジを着けてもらい、電子メール、会議スケジュール、位置データを四か月にわたって収集した。さらに、いつ、どこで、誰と誰が会話したか、誰が会話を支配していたかを記録したのである。ウェイバーたちは、日ごろの対人関係が男女でちがうのではないかと考えた。「女性は指導してくれる先輩があまりおらず、上司と直接話をする時間も少なく、上級管理職と話をすることに積極的ではないと予測していた」ところが実際には、職場での動向に男女差はほとんどなかった。「他者との接触回数も、上級管理職と話す時間も女性は男性と変わらなかった。時間配分も同じ役割の**男性と変わりなかった**。担当プロジェクトの種類までは特定できなかったが、オンラインにいる時間や、仕事に集中する時間、対面での会話時間などのパターンでは**男女の区別がつかなかった**。さらに**実績評価でも統計的に同じスコアになった**。この傾向は女性の役職が高くなっても変わらない。**それなのに女性は男性ほど昇進しないのである**」

少なくともこの企業では、上級管理職の男女比の偏りに正当な理由はないということだ。仕事ぶりが同じ、実績も同じなのに昇進の可能性に差があるのは、男性が優遇されているからにほかならない。重要なのは、テクノロジーを使って日々の行動を微細なレベルで観察し、理解することで、ただの主観や印象にも裏づけがとれることだ。

ソーシャルネットワーク分析

ソーシャルネットワーク分析は、いまはリーダー適性の評価に広く使われていないが、もっと活用されるべきだ。電子メールの相手先や送受信の日時と回数をはじめとして、組織内外の活発な人脈を探っていく。ネットワーク分析で興味ぶかいのは、専門知識や助けが必要になったとき、頼りになる人物が浮かびあがってくることだ。正式なリーダーと、実際にリーダーシップを発揮している人間が異なることも明らかになる。とくにイノベーションにおいては、新しい発想を生みだしたり、**創造的な試みを改革に結実させたりする者と、リーダーの肩書を与えられた者はほとんど重ならないことがわかっている**[15]。そればかりか正規のリーダーは組織のネットワークから疎外されていて、充分な影響力を発揮できていないのだ。これからは人間関係の動向を視覚化するだけでなく、リーダーにふさわしい隠れた人材を探しあてるために、このソーシャルネットワーク分析が活用されるだろう。

世界の半分近くにインターネットが普及し、一日に生まれる赤ん坊よりたくさんのｉＰｈｏｎｅが売れている時代、これからＡＩを活用した才能発掘ツールが続々登場するだろう。生活の大部分をオンラインに頼っている人が増えている以上、当然の流れだ。法的、倫理的に問題がなく、正確な結果が得られるツールは、眠れる才能を掘りおこしたり、優秀な指導者を組織に引きよせる強力な武器になるはずだ。

第八章

ダメリーダー矯正法

ジョンは誰が見ても最低のリーダーだった。部下は彼を軽蔑し、その下で働くことをいやがった。指示も出さなければフィードバックも返さないので、部下たちは自分の仕事の出来ばえがわからず、成果が出せない。ジョンのチームは、売上高、生産性、先進性、利益のどれをとっても不動の最下位で、人の入れかわりだけは唯一トップというありさまだった。ジョンのチームに二年以上在籍するのは、ほかに行き場のない者だけだ。ジョンがリーダーとしてダメなのは、性格に問題があるからだ。とりたてて勤勉ではないし、頭が切れるわけでもない。人間関係を築くのもへたで、自分の失敗を認められない。

ところがジョンは、自分をすばらしいリーダーだと思っていた。仕事ぶりの自己評価はとても高く、チーム内外で山積する問題にはまったく気づいていない様子だった。

見かねた上司が説得して、ジョンはコーチングを受けることになる。すると、たった数週間でジョンの行動に変化が生まれた。チームに明確な目標を示して、フィードバックをきちんと返す。そして自分を顧みるようになり、賢明な判断ができるようになったのだ。部下たちもそんな変身ぶりにすぐ気づき、いままでのジョンとはちがうと認識をあらためた。部下たちはがぜんやる気になり、チームは売上高、生産性、利益は急上昇、離職率もゼロになった。ジョンは社内で一、二を争うすばらしい上司と評価され、実力と野心を持つ者が彼の下で働きたがり、そのリーダーぶりを見習おうとした……。

あまりに現実ばなれしすぎて、小説にもならない話だ。そのとおり、このジョン君は架空の人物だ。極貧から身を起こして大富豪になったとか、先が長くないと言われた病気を克服して健康オタクになったとか、無知な愚か者が賢者に変貌したというのは、事実か作り話かに関係なく、よく聞く話だ。だがダメ上司が一転最高の上司になったという設定は聞いたことがないし、もしあるとすればもはやＳＦの領域だ。ところが、反対に偉大なリーダーが堕落していった例はいくらでもある。善から悪へ転落する道は、その逆より進みやすいようだ。

「勝つための」リーダー育成

組織はリーダーの可能性を秘めた人材を発見し、採用したら、可能性を実現させなくてはならない。それが得意でない組織は、リーダー育成に力を入れる必要がある。企業の経営者や人事責任者二五〇〇人に最近実施した調査では、リーダー育成がとても重要、あるいは最重要と考える組織が全体の八六パーセントにのぼっていた。[1]

多くの組織は、リーダーの能力はさらに向上するはずと信じている。企業の能力管理予算の八〇パーセントは、主としてリーダー級を対象とした学習とトレーニング、能力開発に振りむけられているほどだ。ハーバード・ビジネス・スクールのマイケル・ビアの推算では、社員の能力向上プログラムに企業が投じる費用は、世界全体で三六〇〇億ドル（約四兆円）に達する。[2] これだけの投資をしても、リーダー級の能力向上は思ったほど成果が出ない。最高幹部が本気でとりくまない企業はとくにその傾向があるとビアは指摘している。

全社員の能力を底あげできれば言うことなしだが、投資効果の観点からすれば、リーダーの力を伸ばすのが最優先だ。リーダーは多くの人間を動かし、仕事の進めかたや結果を大きく左右するので、リーダーの実力が上がるだけで好ましい影響が波及する。[3]有名なパレートの法則に従うならば、どんな集団や組織でも、全体の成果や生産性の八〇パーセントを担うのはせいぜい二〇パーセントの人間だ。よほどの例外でなければ、その二〇パーセントがリーダーということになる。

ただ残念なことに、ありがちな、あるいは無難なリーダー適性開発では、数字に表われるほどの成果は得られない。それどころかメタ分析研究では、成果がゼロだったり、リーダーの働きが逆に低下することが明らかになった。[4]リーダー適性開発の最も重要な特徴である、組織的なフィードバックを見ても、かけた時間の三〇パーセントではリーダーが通常より力を出せなかったことがわかっている。[5]さらに衝撃的なのは、適性開発に投じた費用と、リーダーの質向上および従業員のリーダーへの信頼度に強い負の相関関係があったことだ。[6]

データから見る六つの教訓

適性に欠ける人間を立派なリーダーに育てあげることは容易ではない。それでも入念に設計され、きちんと効果が出せるリーダー適性開発プログラムは、数は少ないが存在する。基本はリーダーに自分の限界を認識させ、「有毒な」習慣をより効果的なものに置きかえて、明確な成果基準と結びつけること。これらを正しい方法で行なえば、リーダーの適性は向上するし、さらには組織全体も機能が改善するのだ。重要なのは、どんな制約や障壁が前進を阻んでいるのかを認識することである。そのために、過去の研究から得られた六つの教訓をこれから紹介しよう。

1．あとから変えられない特徴もある

ほかの資質もそうだが、リーダーの適性をはぐくむのは発達途上のさまざまな経験だ。優れた運動選手になれる可能性はすべての人が持っているが、確率が高い人もいれば、低い人もいる。リーダー適性など心理面の特徴にも同じことが当てはまる。第七章でも触れたように、リーダー適性に不可欠な知能は、環境からの適切な刺激がないと伸びない。[7] 健康な子どもでも、精神的な刺激をいっさい与えられないと知的な発達に遅れが出るのだ。[8] また幼少期の知能から、成人後の知能も正確に予測できる。五〇歳になったと

きに平均より頭が良いかどうかは、五歳のときの知能からわかってしまうのだ。加齢とともに知能が変化することはまずない。

リーダー適性を形づくるのは、就職したり、リーダーをめざしたりする年代よりずっと前の経験だ。「子どもはおとなの父親」というワーズワースの言葉そのままなのである。指導力は生まれか育ちか？　という問いかけもよく耳にするが、その答えは「どちらもあり」ということになる。ある科学者はこんなたとえで説明している。**「個人の態度や特性が遺伝なのか、環境なのかという問いは意味がない。地下室が水びたしなのは基礎のひび割れが悪いのか、外から入ってくる水が悪いのかと考えるようなものだ**[9]**」**

性格面の特徴はどれもそうだが、リーダーシップも生まれつきの部分と、あとから身についた部分がある。行動遺伝学の研究で、二卵性双生児（DNAの五〇パーセントが一致）と一卵性双生児（DNAが一〇〇パーセント一致）を対象に**リーダー適性を比較したところ、**[10]**約三〇パーセントは遺伝的要因による**という結果が出た。[11]身長は九〇パーセント、体重は八〇パーセントが遺伝で決まるというから、それよりはかなり低い。リーダー適性開発を売りこむ企業や、これから指導力を伸ばしたい人には朗報だろう。ただし私たちは、後天的に決まる残り七〇パーセントを完全に理解し、制御できているわけではない。木登りできる動物がほしいのなら、魚を鍛えるよりサルを見つけてくるほうが賢明だ。

アメリカの情報通信企業AT&Tが他社に先がけてリーダー適性評価・開発センターを設け、緻密に体系化されたプログラムを開発したのは一九七〇年代のこと。プログラムを通じた訓練と本来の才能が、その後のリーダーとしての働きぶりにどう影響しているかを調査してみた。結果は？　訓練の前と後で、リーダーの実力別順位はまったくと言っていいほど変わっていなかった。それは訓練内容が悪かったというより、すでに存在する能力差をひっくりかえすほどの効果はなかったということだ。同様に、職務の遂行能力が訓練や練習でどれだけ変わるかを調べた最近のメタ分析がある。[12]多様な分野や職業を対象に分析を行なった結果、訓練が最大の効果をもたらしていたのは、規則が明快で、達成度を客観的に知ることができて、即興的な要素がかぎりなく少ない職種だ。それでも全体としては、訓練が遂行能力に与える影響はけっして大きくない。ゲーム分野は二六パーセント、音楽とスポーツはそれぞれ二一パーセントと一八パーセント、教育分野は四パーセントで、平均ではわずか一パーセントだった。

いっぽうでリーダー適性の出現や、その効果の有無は、性格を構成する五つの領域、いわゆるビッグファイブに左右される部分が大きく、その割合はおよそ五〇パーセントとされる。**リーダーとして成功するかどうかは、半分は性格で決まるのだ。**どんなに些細なものであっても、定着した習慣を変えるには多大な時間と努力が必要だが、性格の傾向を知るのはかんたんだ。標準化された信頼性の高い検査を、自宅や職場にいながらにして受けられる。所要時間も四五分ほどだ。[13]

最近では、そうした検査をしなくてもリーダーの資質を予測できると指摘する研究もある。シカゴ大学ブース・スクール・オブ・ビジネスの経済学者チームは、企業ＣＥＯが四半期ごとに行なう投資家向けの収支報告から、ＣＥＯの性格を推測する研究を行なった。たとえば外向的なＣＥＯは一分間に話す言葉の数が多く、精力的な話しぶりだ。勤勉性の強いＣＥＯだと事実を細かく伝えようとする。受動的で完全とは言えない診断法だが、ＣＥＯの性格のみならず、企業の財務状況（キャッシュフロー、総資産利益率、収益性など）まである程度反映していることがわかった。[14]

2．良いコーチングは効果がある

リーダーとしての伸びしろは予想がつくかもしれないが、それでもきちんと工夫されたコーチングプログラムは効果が期待できる。ただ残念なことに、コーチングの投資効果を厳密に評価できる組織はほとんどないのが現状だ。またコーチングの手法はさまざまで、セッション中に行なわれていることを具体的に知る人も少ない[15]。コーチングは純粋な科学ではなく、ある意味職人芸だ。だから効果のほどは千差万別で、コーチの才能と技術に結果が大きく左右される。コーチングの手法自体よりも、コーチの性格とふるまいが成否を決めるとも言われている[16]。

リーダーの能力向上のためによく用いられるのが、エグゼクティブ・コーチングと呼ばれる一対一のセッションだ。心理療法は問題行動に対処することが目的だが、コーチングはそれに加えてリーダーに不可欠な能力を伸ばすことも求められる。そこでコーチと受講者は、リーダーとして始めるべき行動、やめるべき行動、このまま続けてよい行動をあぶりだしていく。こうしてリーダーシップが改善されれば、チーム全体の成績も上がっていくはずだ。

コーチングでは、ソーシャルスキル、内面スキル、対人スキル、ソフトスキルと呼び名はいろいろだが、要するに**EQを引きあげることを最も重視する**。[17]気軽に声をかけて話しあいができるリーダーをめざすのだ。リーダーが解決すべき問題はすべて人間が関わっているのだから、当然の戦略でもある。アイルランドの作家オスカー・ワイルドが言うように、「行く先々で幸せをもたらす者もいれば、いなくなって周囲を幸せにする者もいる」のだ。後者に分類されるリーダーは、ぜひともEQを鍛えたほうがいい。

EQにかぎらずそれ以外の能力でも、ゼロから一〇〇に押しあげる方法はない。それでも優れたコーチングプログラムであれば、平均して二五パーセントの上昇は期待できる。アムステルダム大学のティム・テーブームらは、コーチングの効果を調べた四六件の研究を精査する独創的なメタ分析を行なった。するとコーチング受講者の七〇パーセントは、受けなかった者より高い成績が期待できたという。[18]EQのなかで、**コーチングでとくに改善できる項目は対処技術、ストレス管理、自己制御**である。なかでも自己制御は、目標を設定し、達成しようとする意欲や姿勢と深く結びついている。さらに生理的な側面である共感能力についても、コーチングが可能なようだ。神経心理学の複数の研究で、適切なコーチングを受けた人は社会性が高まり、周囲に配慮できるようになることが脳スキャンの画像からも確認できている。[19]

受講者の態度や行動が優れたリーダーにふさわしいものになれば、コーチングは大成功だ。リーダーが変われば、当然チームにも好ましい影響がおよび、大きな成果があがるようになる。[20]大事なのはリーダーが頭のなかで何を考えているかではなく、どんな行動を見せるかだ。そこでコーチングでは、非生産的な行為を効果的なものに置きかえていく。たとえば細かいところまで目を光らせるリーダーには、部下に自主性を認めるよう仕向ける。反対に放任主義のリーダーは、部下の動向をよく観察して、明確な指示やフィードバックを積極的に出すよう心がけてもらうのだ。

この種のコーチングと対照的なのが、リーダーとして立派にやれている点、つまり長所を見つけてさらに伸ばしていくやりかただ。

3. リーダーの「長所」にご用心

二一世紀に入ってがぜん人気を集めているのが、ストレングス・コーチングと呼ばれる手法だ。欠点をくよくよ悩むのではなく、良い面をひたすら伸ばしていこうというもので、多くの企業の人事部から熱烈に支持され、アマゾンで関連書を検索すると八〇〇〇冊も出てくる。ギャラップ社が提供する自己評価ツール「ストレングスファインダー」は、フォーチュン五〇〇社の従業員一六〇万人が毎年利用しているという。[21]

プレゼンテーションをする、戦略を立てる、新しいビジネスを開拓する、適切なフィードバックを返す……人にはそれぞれ得意なことがあり、それに磨きをかけるのは難しくない。好きなことならなおさらだ。だが長所を伸ばすにも限界がある。リーダーへのフィードバックとしていちばん有益なのは、可能性や実際の仕事ぶりから明らかになる欠点をきちんと指摘して、現在位置とめざす場所との距離を明らかにするものだ。[22]それに長所ありきのコーチングでは、それまでなかった新しい強みを見いだし、育てていく余地がなくなる。

結局は中庸が肝心ということだろう。中庸に安住してはならないが、**望ましい特徴も極端に走りすぎると逆効果になる**。細部までよく気がつく人は、むだに完璧をめざしたり、先のばしをしすぎる恐れもある。自信は傲慢やうぬぼれ、無謀と表裏一体だ。野心は強欲に、自由な想像力は奇矯な言動にいつ姿を変えるかわからない。長所にばかり光を当ててリーダーを選ぶと、置かれた環境によっては長所が肥大して害をおよぼすこともある。

4. 自己認識がすべての始まり

リーダー適性を伸ばす第一歩が自己認識だ。その重要性は何千年も前から知られていた。デルポイのアポロン神殿には「汝自身を知れ」と刻まれているし、ソクラテスも無知の知を説いた。だが人は自分の限界を知らないものだ。指導者ともなるとさらにその傾向が強まるので、自己認識に的をしぼった訓練が大事になってくる。事実、高い実力を発揮するリーダーのいちばんの特徴は、自己認識ができていることだという[23]。優れたコーチングを受けると、自分自身のことがよく整理できるという。言いかえれば自己認識が高まったということだ[24]。

自己認識を高め、自分の長所と欠点を把握するには、フィードバックが欠かせない。しかし、あいまいで不正確なフィードバックではむしろ逆効果だ。当人がもうわかっていることや、聞きたいことしか言われないのであれば、いくら具体的で正確でも役に立たない。

フィードバック、それも批判的な内容に進んで耳を傾ける者はいない。上司に「私は何をまちがったんだろう?」「どうすれば良かったのか?」と聞かれたことはあるだろうか? ないはずだ。

なぜリーダーはフィードバックをほしがらないのだろう。理由その一、リーダーとはそもそも自信過剰であり、自分のやることを必要以上に好意的にとらえたがる。理由その二、フィードバックを求めるのは弱みを見せることだと思っている。ほとんどのリーダーは実行ありきと信じており、学ぶことに重きを置かない。自分はまだ学ぶべきことがあると内心では理解していても、そういう謙虚な姿勢は限界をさらすようで外に出したくないのだ。

組織もそんなリーダー気質をわかっているので、三六〇度評価や性格レポートといったデータ重視の手段で、リーダーが参考にしやすいフィードバックを返す努力をしている。グローバル企業の管理職一三六一名を対象に行なった対照実験研究では、フィードバック主体のコーチングを受けた管理職は助言を自ら求めるようになり、一年後の業務成績も上昇したという。[25]

5．自然に逆らうのは難しい

私たちは毎日、数えきれないほどたくさん判断を下している。どれも自分で決めた選択であり、ほかに選びようがない場合でも、先を読んで賢く立ちまわったと信じて疑わない。[26]ただそれは、他人から見ればありふれた対応だし、こちらも周囲の行動にあっと驚かされることはめったにない。既定路線をはずれることができないわけではないが、あえて自分がやろうとは思わない。完全な自由が与えられても、結局選ぶのはありがちな道だ。「みんな天国に行きたいが、誰も死にたくない」とはよく言ったものだ。

人間が持っている習慣は、長い年月をかけて定着したものだ。おいそれと捨てたり変えたりできない。新年の誓いはたいてい数か月ともたない。具体的で成果が目に見えること、自分さえその気になればできることでも、うまくいかないことが多い。[27]どれだけ本気で変えたくても、いろんな要素がからんだり、成否が判断しづらかったりすると、なおさら変化を起こすのは難しいだろう。出発するかどうかがあいまいなままでは、行き先を決めることはできない。

性格を変えたいと思っている人は多い。性格のビッグファイブ、つまり外向性、協調

第一章 第二章 第三章 第四章 第五章 第六章 第七章 第八章 第九章

性、勤勉性、情緒安定性、経験への開放性をもっと高めたいと願う人は、どの年代でも全体の八〇パーセントにのぼるという調査結果がある。これら五つの領域が改善すれば、すなわちEQも高くなり、リーダー適性も上がることになる。[28] しかしいっぽうで、意図しなくてもたいていの人は次の二つの要因で性格が変わる。[29]

ひとつは加齢だ。年齢が高くなるにつれて、若いころより少々退屈な性格になる。協調性と勤勉性は高くなるが、経験への開放性が下がるのだ。「心理的成熟」という言いかたもあるが、要するに「つまらない性格になった」ということだ。

もうひとつは「適所選択」と呼ばれるもの。人は生まれながらに、自分の性格になじみやすい経験を好む傾向がある。そんな経験をたくさん積むほどに、性格の傾向はいっそう強化されていく。外向性の高い人は明るく活発にふるまうし、新たな人脈づくりができる場を好み、注目が集まる状況をつくろうとする。その結果、人とのつながりが増えて、注目を浴びることも多くなるのだ。

リーダーと呼ばれる人たちは、自分の強みを効果的に使うのがもともと上手だ。だからコーチングでは、むしろ**本来の性質に少しブレーキをかけ、それまで気づかなかった視点を持たせる必要もある。**アメリカの人気講演家ジグ・ジグラーも言っている。進む決意はそのままでいい——変えるのは道順だと。[30]

6. コーチングのパラドックス

皮肉なことに、**コーチングの効果が見こめる者ほどコーチングを受けたがらない**。コーチングにかぎらず、リーダー適性開発プログラムの効用は受ける人次第だ。成長につながるフィードバックや経験を積極的に求め、自分の技能や知識に磨きをかけようとするかどうかは、本人の好奇心に左右される。会社が学習や能力開発の機会をいろいろ用意しても、積極的に参加するのはあらためて学ぶ必要のない者ばかり。受けてもらいたい者ほど何もしないのが常だ。

リーダーが自らの可能性や能力について的確なフィードバックをもらったとしよう。それはとても幸運なことなのだが、本人が受けいれるとはかぎらない。謙虚で共感能力が高く、自分を客観的に見られる者なら、耳が痛いフィードバックを糧にして自己認識を深めることだろう。[31]その反対に——ウラジーミル・プーチンやシルビオ・ベルルスコーニにコーチングすることを想像してみよう。自信過剰で共感能力ゼロ、自己愛のかたまりのような人間は、どんなにためになる助言も受けつけず、その恩恵を得ることもない。自分は成長が必要だと納得して初めて、フィードバックを自分のなかにとりこむことができるのだ。さらにそこから好ましい行動や態度を身につけるには、強靱な意志と忍耐力が求められる。それができるかどうかは、ひとえに本人の性格にかかっている。

はっきり言ってしまえば、ダメリーダーが優秀な実力派リーダーへと変貌することはない。自分のやりかたに固執するかぎり、どんなに変わったとしてもしょせんは過去の焼きなおしだ。人間は惰性に流されやすいから、エグゼクティブ・コーチングなどでねじを締めなおすことも必要だろう。だが**リーダーの質を向上させたいのなら、適性のある人間を発掘し、新たに獲得することに時間と労力と資源を注いだほうがいい**。医療と同じで、治療より予防が大事なのだ。むろん二者択一ではなく、両方を実践すること。なぜなら「当たり」の人材は、その後も大いに成長してくれるからだ。

第九章

リーダーの影響力を測る

一九八三年、ミッキー・ドレクスラーはアメリカの衣料品販売チェーン「ギャップ」のCEOに就任した。そのころファストファッション業界は新興勢力が次々と登場し、ギャップは苦戦を強いられていた。ドレクスラーはそれまでの方針を転換する積極的な打開策を打ちだし、その一環として他社製品の販売を行なわないことにした。ギャップはリーバイス製品を置いていることでも知られていたが、利幅の大きい自社製品を買ってもらうために扱いをやめたのである。さらに年代が高めでお金を持っている層に訴えかけるため、品ぞろえも店舗のデザインも抜本的につくりかえた。生まれかわったギャップの店は、のちにアップルストアの先端的なデザインにも影響を与えている。アップルストアは自然光がたっぷり入り、空間をあえて狭くして、お客が何度でも足を運び、スタッフと気楽に話せる雰囲気になっていた。お客はアップル製品を心ゆくまで試せるよう、レイアウトも工夫されていた。ドレクスラーはアップル社の役員も務め、「小売業界の盟主」「リテール界のスティーブ・ジョブズ」とも呼ばれた。

ドレクスラーの戦略は当たった。彼がＣＥＯに就任して二〇年弱で、ギャップの年間売上高は四億八〇〇〇万ドル（約五三〇億円）から一三六億ドル（約一・五兆円）へと飛躍的に伸び、ギャップはアメリカのみならず世界で愛されるブランドへと成長したのだ。流行をしっかり押さえつつ、カジュアルでお手ごろな値段のギャップは、アメリカ人の職場での服装を大きく変えた。週末前は堅苦しい格好はなしにしようという、カジュアル・フライデーの定着にもひと役買っている。

ドレクスラーの下で働く者からすれば、彼の辣腕ぶりもある意味当然だった。堅物でぶっきらぼう、尊重と賞賛を求めてやまない性格だが、誰よりも熱心に働くし、現場に積極的に出て周囲の成長をうながす。判断力も意思決定も卓越しており、流れを読む力もある。偉大なリーダーと呼ぶにふさわしい男だ。

にもかかわらず、二〇〇二年にドレクスラーはギャップを追われた。成長と収益に陰りが出てきて、成功を長期にわたって維持するには適役ではないと判断されたのだ。その後ドレクスラーはＪ．クルーのＣＥＯに就任して収益を倍増させ、ブランドの知名度を一気に押しあげたが、売上高の減少を受けて辞職している――ギャップのときと同じだ。

ドレクスラーは特別かもしれないが、ほかのリーダーたちと共通して言えることがある。——ひとつの事例だけで結論を出すことはできない。リーダーが成功と失敗のどちらだったかは、話をどこで終わらせるかで変わってくる。

リーダーの影響力評価は難しい

物語は心に訴えるが、データは理性に語りかける。優れたリーダー、良きリーダーとは何かを探るなら、傑出したリーダーたちの実績だけでなく、人となりを掘りさげる必要がある。巨大なデータ集合のなかから、多くの変動要因を拾いあげて分析するのだ。心理学者アール・ハントも、「逸話が集まっただけではデータではない」と述べている。

膨大なデータを扱うには、体系的な手順と定量分析ツールが必要になる。リーダーの才能を解明し、その構成要素を明らかにする試みは一〇〇年前から行なわれてきた。[1] 問題は研究不足ではなく、むしろ研究がありすぎることだ。チームや組織に影響を与えるリーダー像の情報が多すぎて、圧倒されてしまう。そのいっぽうで、ブログやコンサルタントが伝える印象的な逸話やわかりやすい公式は、リーダー適性をたったひとつの能力と、いくつかのキーワードでまとめてしまっている。

だがリーダーとしての成功に注目が集まるわりに、世のリーダーたちは概してダメなままだ。その理由はいろいろだが、**ダメリーダーの共通点がひとつあるとすれば、それは自身の成功とチームの成功が断絶していることだ**。

自信過剰、自己愛、サイコパス、カリスマのリーダーは、自分のキャリアは伸ばすけれども、率いるチームの成功には寄与しない。それどころか、自らの勝利を優先させるあまり、周囲に害を与えてしまう。重要なのはチームや組織の成功なのだから、そんなリーダーは早々にふるい落としたほうがよい。

けれどもドレクスラーのような例では、リーダーの影響力を客観的に把握するのは難しい。そもそも原因と結果を数値化することは容易ではないのだ。アフリカにはウシツツキというムクドリ科の鳥がいる。キリンやカバといった大型哺乳動物の頭や背中にとまった写真を見たことがあるかもしれない。色あざやかなこの鳥は、動物たちについたダニなどの寄生虫を食べて病気を防いでくれる。それだけならうるわしい共生関係だが、最近の研究から、話はさほど単純ではないことがわかってきた。ウシの身体についた寄生虫を調べたところ、ウシツツキがいてもいなくても数に変化はなかったのだ。しかもウシツツキは、ダニが血を腹いっぱい吸うのを待ってから食べていることが判明した。これでは動物にとって何の得にもならない。ウシツツキははたして有益なのか、それともかえって有害なのか、議論が続いている。

良いリーダー、悪いリーダーを区別するのは、ウシツツキが有益か有害か判断するのと同じだ。組織の背中に乗っかっているこの人物は、問題を解決してくれるのか、それとも問題を増やしているのか。信頼できるデータがないと、決めることはできない。

具体的なデータが判明するのは、すでにリーダーがチームや組織に困った足跡を刻んだあとだったりする。そうなってもなお、リーダーの有毒性を理解できない人間もいるのだ。だから情けない形で現役を終えた元政治家やCEOも、ディナーに招かれてちょっと話をすればいい小遣い稼ぎができる。

組織が生き物のように進化するにしても、それでリーダーの質が向上する保証はない。CEOや大統領をめざす競争に進化論が当てはまるとしたら、麻薬カルテルの胴元争いだって同じこと。**競争が激しいからといって、生きのこった者が適者とはかぎらないし、生存競争に勝てる個体が、良きリーダーになれるわけではない**。なぜなら個体の適応度がそのまま集団の適応度にはならないからだ。

身長を例に考えてみよう。アメリカの場合、身長一八〇センチの人が現役中に稼ぐ金額は、一六〇センチの人より二〇万ドル（約二二〇〇万円）多くなるという。だからといって、高い能力を期待して採用時に身長制限を設ける職種はごくわずかだ。身長はリーダーを決めるときにも大きな役割を果たす。過去七五年間の研究を精査したところ、身長はＩＱと同じぐらいリーダー決定の予測要因になるのだ――男女ともにである。[2] 政治の世界では、さらに身長が大きくものを言う。アメリカ人が平均身長に満たない人間を大統領に選んだのは、一八九六年が最後である。過去一〇〇年間の大統領選挙では、最終候補者二名のうち背が低いほうが勝つ確率はわずか二五パーセントだった。

有権者は身長が高い候補者をリーダーにふさわしいととらえるが、もちろん身長が良いリーダーの決め手になるわけではない。リーダー、とくにアメリカ大統領をめざす者にとっては、身長は好材料だ。しかし背の高い者が指導する集団は、背の低い指導者の集団より優秀かというと、かならずしもそうではない。そう考えると、身長でリーダーを選ぶことは愚の骨頂だ。にもかかわらず、現実には些細な特徴が重視されて、リーダー選出を左右することも多い。ウィスコンシン大学の心理学者エレイン・ウォンを中心とする研究チームは、企業ＣＥＯの顔の横幅と収益のあいだに相関関係があることを確認した。業種差を調整した収益で比較したところ、幅の広いＣＥＯが経営する会社の収益は、細面のＣＥＯの会社より一六〇〇万ドル（約一七・六億円）も多かったのである。横幅のある顔は、力づよく攻撃的な印象を与えるためではないかと考えられる。[3]

リーダーと部下の距離は離れていくばかり

いまを理解して、未来を予測したい。あるいは未来を変えたい――それなら、まず過去を思いだすことだ。リーダーシップに関しても同じことが言える。現代に求められるリーダー像は昔より複雑になっていて、評価が難しくなっている。

人間社会では、リーダーが存在しない生活は考えられない。いまの人類や、もっと遠い祖先のころから、私たちは集団で生活してきた。**集団には、みんなの行動をまとめたり、調整したりする役目が不可欠だ。**[4]これは人間にかぎったことではなく、魚、鳥、ハチにもリーダー役が存在する。リーダーとは、集団を価値ある資源へと導き、共通の目標と方向性を示して、その実現に向けて力を結集させるために、進化の過程で誕生した役目なのだろう。社会を協調させ、集団の生存と繁栄をうながすための根本的なメカニズムなのだ。現代でも、サッカーのＦＣバルセロナやシンガポール労働省、持株会社のバークシャー・ハサウェイ、スウェーデン政府など、集団協調で高い能力を発揮している組織は多い。

だが今日の社会では、組織のリーダーと直接話す機会はとても少ない。人類の祖先がまだ狩猟と採集で生活していたころは、集団も小さかった。リーダーとの距離も近く、日常的に接触することができた。現リーダーの評価もすぐにわかるし、次期リーダーになれそうな者を正確に判断することが可能だった。さらに言えば、リーダー選定もあくまで民主的に、構成員の同意で決定できたのである。こうして選ばれたリーダーが、自ら手本を示し、ときには道理で諭しながら高い指導力を発揮していたことは容易に想像がつく。狩猟・採集の小さな社会ではみんなで仕事を分担するしかなく、男女の権力差も最小限だったと考えられる。[5]

それから何千年もの時が流れ、いま私たちは完全な別世界に生きている。所属する集団は巨大なものになり、ほかの集団やそのリーダーと接する機会はほとんどない。たとえばハンバーガーチェーンのマクドナルドは、社員三七万五〇〇〇人が一二〇か国に散らばっているのだ。彼らがＣＥＯのスティーブ・イースターブルックについて、どれほど語れるだろう？　名前さえ聞いたことのない者もいるのでは？　一三億のインド国民の大多数は、ナレンドラ・モディ首相をテレビでしか見たことがないはずだ。もっともテクノロジーが発達した昨今は、ユーチューブやフェイスブック、企業の口コミサイト「グラスドア」からリーダーの評判を知ることができる。ただしその情報には雑音もたくさん混じっている。リーダーの実力や可能性を知るには、何度も会って話をするにこしたことはない。

それに長い歳月を経て進化してきた私たちの脳は、**一度刷りこまれたリーダーの理想像が時代に合わなくなっても、かんたんに書きかえることができない**。長年の研究の成果で、指導者の良し悪しを客観的に描きだせるようになっても、またＡＩをはじめとする新しい技術の出現で求められる指導力が変わってきても、進化とともに根をおろしてきたリーダー像はおいそれと頭から追いだせないのだ。

悠久の時を経てきた人類の文明だが、いまほどリーダーに新たな課題が突きつけられている時代はないだろう。進化とともに定着してきた過去の観念は、もはや有効とは言えなくなっている。それでもなお、私たちは旧態依然としたリーダー観にしがみついているのだが。

先に進むためにできること

共通の目的を達成するために個人をまとめるリーダーシップは、人類の進化の鍵を握る需要な要素だ。火の使用から文字の発明、ヒトゲノム解析に至るまで、人類史をいろどる偉大な業績は、どれも人間が集団でなしとげたもの。リーダーシップがなければ実現しなかったはずだ。

これから女性リーダーをもっと増やし、ダメリーダーを減らして質を高めることをめざすなら、リーダー適性を理解し、それを客観的に評価する方法を確立することだ。だが言うは易く、行なうは難し。リーダーを選ぶにあたって、意思決定者が自分の直感に頼りすぎたり、政治的な思惑がからんでくることも多々ある。組織全体より個人的な利害を優先するような場合はなおさらだ。見こみのある人材にリーダーの役割を与え、成功を後おしする環境を整える努力も必要だが、やはりリーダー適性を正しく見ぬく方法を確立しないことには、現状を大きく変えることはできない。

それでもこの本で示してきたように、既存リーダーの能力を高め、女性リーダーの登用を増やすために、組織がいますぐできることはたくさんある。**自信過剰、自己愛、サ**

イコパス、カリスマの徴候を示す者を、リーダーにふさわしいと解釈するのをやめる。そのかわりに注目するのはEQだ。EQはリーダーシップに不可欠な要素として、すでにデータの裏づけが充分にある。**EQ重視で人選を行なうだけで、リーダーの質も上がるし、女性の割合も自然に増えるはずだ。**さらには組織全体で見ても、個人の効果性や自己認識が上がり、変革的リーダーシップが存分に発揮されるようになる。

組織が指導的立場にあえて女性を選ぶ。もちろんそれだけでも前進にはちがいない。だがほんとうにめざすべきは良い人材をリーダーに選び、その結果男女の不均衡が解消されることだ。**女性を増やすだけで、リーダーの質が上がるわけではない。けれども適性のある人間を正しく選べば、必然的に女性の割合は上がっていく。**

問題の「解決策」としていま一般に行なわれていることは、実は問題を悪化させている。そのことに組織は早く気がついたほうがいい。たとえば、男性ダメリーダーと同じふるまい――自己宣伝や外面をとりつくろうことに熱心で、肝心なときに泣きついてくる――を女性に求めることもそのひとつ。それでは女性ダメリーダーを養成するようなもので、女性に対する偏見はいっこうに消えない。

少数派の人間を一定数リーダーに採用する割当制も好ましくない。「特別扱いしないとリーダーになれないのか？」と思われて、能力が低い印象を与えてしまう。その根底にあるのは、人事は純然たる能力主義という幻想だ。しかし実際には政治力学や身びいきが働いて、人事を腐敗させている。むしろそんな現実を素直に認め、改善するのが先決だろう。

男女の不平等を解消していくことと、リーダーの質を引きあげることは完全に両立できる。というより、**女性リーダーの数を増やさずして、リーダー全体の質を底あげすることは難しい**。

にもかかわらず世間の印象は正反対で、組織の上層部に女性を増やすことは能力主義に反すると糾弾される。二〇一〇年、MITスローン・スクールのエミリオ・カスティラとスティーブン・ベナードは、経営学修士（MBA）の学生約四〇〇人に架空企業のボーナス配分の課題を出した。[6] 管理職の評定に従って、一〇〇〇ドル（約一一万円）のボーナスを従業員にどう分けるかを決めるというものだ。多くの企業では、従業員の仕事の評価は直属の上司が行ない、ボーナス査定はさらに上級の人間が決めるのが一般的なので、この課題もそれに従った。ただし学生の半数には、この企業は能力主義を採用しているとあらかじめ告げておいた。つまりボーナスは仕事の成績に直結しているということだ。すると学生たちは、成績が同じなのに男性のほうに多くのボーナスを出したのだ。これは男子学生のみならず、女子学生でも同じ対応だった。[7] MITの学生ともなれば、平均的な管理職よりはるかにリベラルで、男女平等意識が浸透しているはずだが、どうやらそうした美点だけではリーダーの質は上がらないようだ。リーダー適性を構成する四つの要素、すなわち心の知能指数、知的資本、社会関係資本、心理資本についてもっとはっきりさせる必要がある。

配車アプリなどを提供するウーバー・テクノロジーズのCEOだったトラビス・カラニックは、セクハラの訴えをもみ消し、ウーバーの運転手に暴言を吐くところを録画されて、会社の評判に泥を塗った。また、成果第一主義のぎすぎすした社内文化をつくった張本人とも名指しされた。あまりの暴れっぷりに、とうとう会社も容認できなくなった。失墜した企業イメージを回復させ、社内の膿を出すために新CEOとして任命したのが、新任のダラ・コスロシャヒだった。

『ニューヨーカー』誌の最近の記事にはこう書かれている。「ウーバーに入ったコスロシャヒは、おだて役、外交官、交渉人、セールスマンとして働いている。CEOに選ばれた理由のひとつが、その性格だった。協調性があり、威圧的なところがなく、彼と話しているると投資家も安心するのだ。前CEOのトラビス・カラニックは、ウーバーを創業して大成功へと導いた。しかし彼がトップだったときに、会社の評判ががた落ちになった」[8]

コスロシャヒの実績を判断するには時期尚早だが、ウーバーが苦い教訓を学んだことはまちがいない。穏やかで人あたりが良く、共感能力の高い人間ではなく、自信過剰、自己愛、サイコパスをリーダーに選ぶとどういうことになるか、ウーバーは貴重なケーススタディとなった。こうした「有毒」リーダーの正体が世間でもっと知られてくれれば、コスロシャヒのようないわゆる女性的な性格の人間――彼は男性だが――がリーダーに選ばれるようになるだろう。

組織は選択を迫られる。社会正義の実現を推進したいのなら、管理職に男女差をなくすことに力を入れればよい。組織として成功したいのなら、リーダーに抜擢する人間は男女問わず、総合的な視点から厳しく評価しなければならない。だがそうすることで、女性リーダーの割合が増えるという副次的な結果もついてくる。さらには男性リーダーも優秀になるにちがいない。**有能な女性をリーダーの地位から遠ざけているゆがんだ選定基準は、男性にも不利に働いているのだ。**

先入観は事実より強い

この本ではリーダーの男女差を解消するために、科学的な根拠に重点を置いて説明してきた。だが、組織の文化や規範を構成するさまざまな偏見や先入観は、それぐらいではびくともしないし、場合によってはもうひとつの現実を構築できるくらい強力になる。そうなったら、どんなに決定的な科学的証拠も勝ち目がない。

ハーバード大学のフランク・ドビンとジウク・ジュンは、アメリカの大企業四〇〇社を対象に、役員会の男女比と業績の長期データを分析したところ、[9] **役員に女性が増えた企業は、業績は変わらないのに株式評価は下がっていた**。この結果は厳しい現実の一端を教えてくれる。男女比とか業績といった数字に関係なく、投資家は自らの信念を曲げず、それに従って行動しているのである。

そうなると、女性を昇進させることは組織に不利益と言われかねない。その悪印象が女性の昇進をいっそう妨げ、昇進しても組織の評価を落とす悪循環になる。先入観を変えることはかなり難しい。現実がその先入観に支配されていればなおさらだ。ジョージ・W・ブッシュの上級補佐官が言ったとされる以下の発言が、それをよく物語っている。「いまやアメリカは一大帝国であり、我々の思惑ひとつで現実をつくることができる。その現実を賢明なるあなたがたが学んでいるうちに、我々はふたたび動いて次の現実を生みだす。それをまたあなたがたが学ぶ。そうやって話が進んでいくんだ」[10]

実に正直な告白だ。ふつうゲームの規則を支配する者は、影響力をぼかそうとするものだ。そのおかげで大衆はシステムの公正さを信じることができる。だが悲しいかな、勝者は歴史を書きかえるのみならず、現実を創造することもできる。さらに、いかに合理的で根拠があっても、既存の枠組みを変えることに全力で抵抗する。

性別による格差をなくし、多様性を広げることが経済的な恩恵に結びつくと主張したくても、根拠をなかなか出せないのはそのためだ。熱心な支持者には無念な話だが、証明できる確かなデータが乏しいのだ。企業の収益や自己資本利益率、利益を多様性が押しあげる数字は存在するが、それも圧倒的に成功している企業が、それほどでもないライバル企業と比較しているだけのこと。成功企業のほうが概して男女格差が少ないことから、それが要因と見なされているのである。企業文化、経営陣の質、従業員の熱意といったほかの要素は考慮されていないし、そもそも原因と結果が逆の可能性もある。成功した企業ほど男女平等に熱心なのではなく、成功したから格差解消にとりくむ余裕があるのではないかということだ。[11]

男女格差がチームや企業の業績に与える影響を正確に知りたければ、企業の報告書ではなく、審査に合格して専門誌に掲載されたメタ分析研究を見るほうがいい。これまでの研究結果では、男女格差の解消はわずかながら業績に影響していることがわかる。ただしほんとうにわずかであり、企業や業界によってばらつきも大きいため、相関関係としてはかぎりなくゼロに近い。また、むしろ多様性推進が業績の足をひっぱっているという研究もある。クイーンズランド大学のレネー・アダムズとロンドン・スクール・オブ・エコノミクスのダニエル・フェレイラは、アメリカの企業二〇〇〇社で男女格差と業績の関連を調べてみた。一見すると、取締役に女性が多い企業は業績が堅調に思えたが、さらに細かく分析したところ、企業が設置している各種の監視委員会の働きが大きいことがわかった。しかも監視委員会を設けている企業だけで見ると、女性取締役の割合が高いところほど業績は悪かったのだ。[12] いったいなぜ？

投資家――市場の代弁者――が、女性取締役の多い企業をよしとしないのだ。

要するに才能だ

進歩には紆余曲折がつきものだし、男女格差の問題は先が長い。とくに組織の上層部ともなると、その働きが全体の成功を左右するので人選は慎重になる。それでも五〇年前にくらべれば状況は良くなっている。働く女性の割合は高くなり、これからも増えていくだろう。健康や教育面の男女格差はほとんどの国で縮まったし、先進諸国では学歴で男性をしのぐところも多い。大学では、経営、法律、医学といった需要の高い学部ほど、学生の男女差が小さい。世界のほとんどの地域で、露骨な男女差別は影を潜めつつあり、なかには法律違反とはっきり規定した国もある。[13]

そのいっぽうで、改善する余地もまだたくさんある。『エコノミスト』誌の最近の記事では、労働法で女性を一部の職業から排除することを明記している国は、世界に一〇四か国あるという。[14]世界経済フォーラムは、現在の賃金上昇ペースでいけば、世界全体で男女の賃金平等が実現するまで二一七年かかると試算する。[15]二三世紀の未来だ。

組織や社会をより良く、効果的なものにするには、リーダーの水準を引きあげること。それが先決だ。女性の豊かな才能をもっと引きだすことでリーダーの質が改善する事実は、すでに科学的な証拠で充分に裏づけが得られて集まっている。組織やチームを好ましい方向に変えてくれる女性は、いまの典型的なリーダー像とは正反対だろう。しかしそれと同時に、周囲を犠牲にしてリーダーになろうとする無能な男性たちをのさばらせないことも重要だ。

謝辞

この本に関わってくれたすべての人に感謝する。

最初にお礼を伝えたいのは、『ハーバード・ビジネス・レビュー』のサラ・グリーン・カーマイケルだ。最初の論文を書籍の形にすることを提案し、編集者としての才能を発揮して、ともすれば混沌に陥る私の思考に秩序を吹きこんでくれた。この数年間、刺激的で実り豊かな共同作業ができてとても幸運だった。私はいまでも彼女から多くのことを学んでいる。

次に、ハーバード・ビジネス・レビューおよびハーバード・ビジネス・プレスのみんなに感謝を伝えたい。彼らは熟練したプロフェッショナルとして、評判にたがわぬ立派な仕事を迅速にこなしてくれた。ここで出版できたことは名誉だ。

そしてエージェントのジャイルス・アンダーソン。『Confidence』『The Talent Delusion』に続いて、この本の実現に尽力してくれた。

マイリーンとイザベルは、私が当初お願いしたよりずっとたくさんの時間を、この本に費やしてくれた。

最後に、無能なのにリーダーをやっているすべての男性たちに感謝したい。この本が売れるのはひとえに彼らのおかげだ。

著者紹介

トマス・チャモロ＝プリミュジック博士は、才能マネジメント、リーダーシップ開発、人材分析の専門家。マンパワーグループのチーフ・タレント・サイエンティスト、ＭＥＴＡプロファイリングおよびディーパー・シグナルズの共同創設者、ユニバーシティ・カレッジ・ロンドンとコロンビア大学のビジネス心理学教授でもある。以前はニューヨーク大学とロンドン・スクール・オブ・エコノミクスにも在籍していた。ハーバード・ビジネス・スクール、スタンフォード・ビジネス・スクール、ロンドン・ビジネス・スクール、ジョンズ・ホプキンズ大学、国際経営開発研究所でも教えていたほか、ホーガン・アセスメント・システムズのＣＥＯも務めた。

これまで刊行した著書は一〇冊、発表した科学論文は一五〇本を超え、同世代の社会科学者のなかでも精力的に活動している。その業績が評価され、アメリカ心理学会、国際個人差研究協会、および本人がフェローとして所属する産業・組織心理学会から賞を受けた。ユニバーシティ・カレッジ・ロンドンでは産業・組織・ビジネス心理学プログラムを創設して責任者を務め、ハーバード大学の起業金融ラボの心理測定主任顧問にも就任した。

二〇年前から数多くの企業をクライアントに持ち、助言を提供している。金融サービスではJ・P・モルガン、HSBC、ゴールドマン・サックス、メディアではBBC、レッドブル・メディアハウス、ツイッター、スポティファイ。消費財メーカーではユニリーバ、レキットベンキーザー、プロクター・アンド・ギャンブル、ファッションではLVMH、ネッタポルテ、ヴァレンティノ。そのほかイギリス陸軍、ロイヤルメール（旧イギリス郵政省）、NHS（イギリス国民保健サービス）、国連、世界銀行でもコンサルタントを務めた。

これまでBBC、CNN、スカイなどで一〇〇回以上テレビ出演しており、『ハーバード・ビジネス・レビュー』、『ガーディアン』（UK版）、『ファスト・カンパニー』、『フォーブス』、『ハフポスト』でも扱われることが多い。シンクタンクの経済問題研究所のキーノート・スピーカーでもある。アルゼンチンの首都ブエノスアイレス、ビリャ・フロイト地区に生まれ育ったが、キャリアの大半はロンドンで過ごし、現在はニューヨーク市ブルックリンで暮らす。

参考文献

第一章

1. Jennifer Robinson, "Turning Around Employee Turnover," *Gallup Business Journal*, May 8, 2008, http://news.gallup.com/businessjournal/106912/turning-around-your-turnover-problem.aspx.

2. Christopher Zara, "People Were Asked to Name Women Tech Leaders. They Said 'Alexa' and 'Siri,'" *Fast Company*, March 20, 2018, www.fastcompany.com/40547212/people-were-asked-to-name-women-tech-leaders-they-said-alexa-and-siri.

3. Judith Warner and Danielle Corley, "The Women's Leadership Gap," *Center for American Progress*, May 21, 2017, www.americanprogress.org/issues/women/reports/2017/05/21/432758/womens-leadership-gap.

4. Tomas Chamorro-Premuzic, "Why Do So Many Incompetent Men Become Leaders?," *Harvard Business Review*, August 22, 2013, https://hbr.org/2013/08/why-do-so-many-incompetent-men.

5. Alice H. Eagly, "When Passionate Advocates Meet Research on Diversity, Does the Honest Broker Stand a Chance?," *Journal of the Society for the Psychological Study of Social Issues* 72, no. 1 (2016): 199–222, https://doi.org/10.1111/josi.12163.

6. Jazmine Boatman and Richard S. Wellins, *Global Leadership Forecast* (Pittsburgh, PA: Development Dimensions International, 2011).

7. Boris Groysberg and Deborah Bell, "Talent Management: Boards Give Their Companies an 'F,'" *Harvard Business Review*, May 28, 2013, https://hbr.org/2013/05/talent-management-boards-give.

8. The Data Team, "What the World Worries About," *Economist*, November 24, 2016, www.economist.com/blogs/graphicdetail/2016/11/daily-chart-17.

9. Manfred F. R. Kets de Vries, "Do You Hate Your Boss?," *Harvard Business Review*, December 2016, https://hbr.org/2016/12/do-you-hate-your-boss.

10. Catherine Clifford, "Unhappy Workers Cost the U.S. Up to $5 Billion a Year," *Entrepreneur*, May 10, 2015, https://www.entrepreneur.com/article/246036.

11. Alice H. Eagly, Mary C. Johannesen-Schmidt, and Marloes L. van Engen, "Transformational, Transactional, and Laissez-Faire Leadership Styles: A Meta-Analysis Comparing Women and Men," *Psychological Bulletin* 129,

no. 4 (2003): 569–591.
12. Ibid.
13. Alexander W. Watts, "Why Does John Get the STEM Job Rather than Jennifer?" *Stanford University*, June 2, 2014, https://gender.stanford.edu/news-publications/gender-news/why-does-john-get-stem-job-rather-jennifer.
14. Evelyn Orr and Jane Stevenson, "What Makes Women CEOs Different?" Korn Ferry Institute, November 8, 2017, https://www.kornferry.com/institute/women-ceo-insights.
15. Ohio State University, "Narcissistic People Most Likely to Emerge As Leaders," Newswise, October 7, 2008, www.newswise.com//articles/view/545089.
16. Eugene Webb, *The Self Between: From Freud to the New Social Psychology of France* (London: University of Washington Press, 1993).

第二章

1. Francis Dao, "Without Confidence, There Is No Leadership," *Inc.*, March 1, 2008, www.inc.com/resources/leadership/articles/20080301/dao.html.
2. Victor Lipman, "Why Confidence Is Always a Leader's BestFriend," *Forbes*, May 9, 2017, www.forbes.com/sites/victorlipman/2017/05/09/why-confidence-is-always-a-leaders-best-friend/#27892c9047be.
3. Peter O'Conner, "Introverts Make Great Leaders—But Lack Confidence in Their Capabilities," *Quartz*, October 7, 2017, https://qz.com/1097276/introverts-make-great-leaders-but-lackconfidence-in-their-capabilities.
4. Joseph Pearlman, "How to Exude Confidence Even If You Don't Feel It," *Inc.*, June 28, 2016, www.inc.com/joseph-pearlman/this-simple-mindset-tweak-is-behind-richard-bransons-success.html.
5. Matt Mayberry, "The Incredible Power of Believing in Yourself," *Entrepreneur*, May 29, 2015, www.entrepreneur.com/article/246720.
6. Philipp Alexander Freund and Nadine Kasten, "How Smart Do You Think You Are? A Meta-Analysis on the Validity of Self-Estimates of Cognitive Ability," *Psychological Bulletin* 138, no. 2 (2012): 296–321, https://doi.org/10.1037/a0026556.
7. Luis Santos-Pinto, "Labor Market Signaling and Self-Confidence: Wage Compression and the Gender Pay Gap," *Journal of Labor Economics* 30, no. 4 (2012): 873–914, https://doi.org/10.1086/666646.

8. Heike Heidemeier and Klaus Moser, "Self-Other Agreement in Job Performance Ratings: A Meta-Analytic Test of a Process Model," *Journal of Applied Psychology* 94, no. 2 (2009): 353–370, https://doi.org/10.1037/0021-9010.94.2.353.

9. Gus Lubin, "A Simple Logic Question That Most Harvard Students Get Wrong," *Business Insider*, December 11, 2012, www.businessinsider.com/question-that-harvard-students-get-wrong-2012-12?international=true&r=US&IR=T.

10. Justin Kruger and David Dunning, "Unskilled and Unaware of It: How Difficulties in Recognizing One's Own Incompetence Lead to Inflated Self-Assessments," *Journal of Personality and Social Psychology* 77, no. 6 (1999): 1121–1134.

11. David Dunning et al., "Why People Fail to Recognize Their Own Incompetence," *Current Directions in Psychological Science* 12, no. 3 (2003): 83–87.

12. Bertrand Russell, "The Triumph of Stupidity," in *Mortals and Others: Bertrand Russell's American Essays, 1931–1935*, ed. Harry Ruja (London: Allen and Unwin, 1975–1998), 2:28, available at http://russell-j.com/0583TS.HTM.

13. Heidemeier and Moser, "Self-Other Agreement."

14. S. J. Heine et al., "Is There a Universal Need for Positive Self-Regard?," *Psychological Review* 106, no. 4 (1999): 766–794, https://doi.org/10.1037/0033-295X.106.4.766.

15. Robert Trivers, "The Elements of a Scientific Theory of Self-Deception," *Annals of the New York Academy of Sciences* 907, no. 1(2000): 114–131, https://doi.org/10.1111/j.1749-6632.2000.tb06619.x.

16. Kenny Phua, T. Mandy Tham, and Chi Shen Wei, "Are Overconfident CEOs Better Leaders? Evidence from Stakeholder Commitments," *Journal of Financial Economics* 127, no. 3 (2017): 519–545, https://doi.org/10.1016/j.jfineco.2017.12.008.

17. C. Randall Colvin and Jack Block, "Do Positive Illusions Foster Mental Health? An Examination of the Taylor and Brown Formulation," *Psychological Bulletin* 116, no. 1 (1994): 3–20, https://doi.org/10.1037/0033-2909.116.1.3.

18. Erin Stepp, "More Americans Willing to Ride in Fully Self-Driving Cars," *NewsRoom*, January 24, 2018, http://newsroom.aaa.com/2018/01/americans-willing-ride-fully-self-driving-cars.

19. Nathan Bomey, "U.S. Vehicle Deaths Topped 40,000 in 2017, National Safety Council Estimates," *USA Today*, February 15, 2018, www.usatoday.com/story/money/cars/2018/02/15/national-safetycouncil-traffic-deaths/340012002.

20. Catherine H. Tinsley and Robin J. Ely, "What Most People Get Wrong About Men and Women," *Harvard Business* Review, May–June, 2018, https://hbr.org/2018/05/what-most-people-get-wrong-about-men-and-women.

21. Laura Guillen, Margarita Mayo, and Natalina Karelaia, "Appearing Self-Confident and Getting Credit for It: Why It May Be Easier for Men than Women to Gain Influence at Work," *Human Resource Management* 57, no. 4 (2017): 839–854, https://doi.org/10.1002/hrm.21857.

22. Karen S. Lyness and Angela R. Grotto, "Women and Leadership in the United States: Are We Closing the Gender Gap?," *Annual Review of Organizational Psychology and Organizational Behavior* 5 (2018): 227–265, https://doi.org/10.1146/annurev-orgpsych-032117-104739.

23. Tinsley, "What Most People Get Wrong."

24. Stepp, "More Americans Willing to Ride."

25. Ernesto Reuben et al., "The Emergence of Male Leadership in Competitive Environments," *Journal of Economic Behavior & Organization* 83, no. 1 (2012): 111–117, https://doi.org/10.1016/j.jebo.2011.06.016.

26. Luis Santos-Pinto, "Labor Market Signaling and Self-Confidence: Wage Compression and the Gender Pay Gap," *Journal of Labor Economics* 30, no. 4 (2012): 873–914, https://doi.org/10.1086/666646.

27. Rachel Feintzeig, "Everything Is Awesome! Why You Can't Tell Employees They're Doing a Bad Job," *Wall Street Journal*, February 10, 2015, www.wsj.com/articles/everything-is-awesome-why-you-cant-tell-employees-theyre-doing-a-bad-job-1423613936.

28. Cheri Ostroff, Leanne E. Atwater, and Barbara J. Feinberg, "Understanding Self-Other Agreement: A Look at Rater and Ratee Characteristics, Context, and Outcomes," *Personnel Psychology* 57, no. 2 (2004): 333–375, https://doi.org/10.1111/j.1744-6570.2004.tb02494.x.

第三章

1. Walter Isaacson, *Steve Jobs* (New York: Simon & Schuster,2004), 112.

2. Patrick M. Wright et al., "CEO Narcissism, CEO Humility, and C-Suite Dynamics," Center for Executive Succession, 2016, https://pdfs.semanticscholar.org/2abd/a21c7fe916e9030fccbb0b43b45da5da2dec.pdf.

3. 医学的な臨床診断名としての自己愛と、自己中心的な傾向を表現する際に一般的に用いる自己愛にはさほど大きな開きはないが、第三章では非臨床的な定義での自己愛だけをとりあげる。自己愛や自己愛的な人間に関する記述は、あくまで相対的な機能を指しており、その人物に心理療法や入院が必要という意味ではない（必要な場合もあるが）。

4. Sara Konrath, Broam P. Meier, and Brad J. Bushman, "Development and Validation of the Single Item Narcissism Scale (SINS)," *PLoS One* 9, no. 8 (2014), https://doi.org/10.1371/journal.pone.0103469.

5. Arijit Chatterjee and Donald C. Hambrick, "It's All About Me: Narcissistic CEOs and Their Effects on Company Strategy and Performance," *Administrative Science Quarterly* 52, no. 3 (2007): 351–386.

6. Charles A. O'Reilly et al., "Narcissistic CEOs and Executive Compensation," *Leadership Quarterly* 25 (2014): 218–231.

7. Laura E. Buffardi and W. Keith Campbell, "Narcissism and Social Networking Web Sites," *Personality and Social Psychology Bulletin* 34, no. 10 (2008): 1303–1314.

8. Ashley L. Watts et al., "The Double-Edged Sword of Grandiose Narcissism: Implications for Successful and Unsuccessful Leadership Among U.S. Presidents," *Psychological Science* 24, no. 12 (2013): 2379–2389, https://doi.org/10.1177/0956797613491970.

9. Amy B. Brunell et al., "Leader Emergence: The Case of the Narcissistic Leader," *Personality and Social Psychology Bulletin* 34, no. 12 (2008): 1663–1676, https://doi.org/10.1177/0146167208324101.

10. Klaus J. Templer, "Why Do Toxic People Get Promoted? For the Same Reason Humble People Do: Political Skill," *Harvard Business Review*, July 10, 2018, https://hbr.org/2018/07/why-do-toxic-people-get-promoted-for-the-same-reason-humble-people-do-political-skill.

11. Emily Grijalva et al., "Narcissism and Leadership: A Meta-Analytic Review of Linear and Nonlinear Relationships," *Personnel Psychology* 68, no. 1 (2015): 1–47, https://doi.org/10.1111/peps.12072.

12. Emily Grijalva et al., "Gender Differences in Narcissism: A Meta-Analytic Review," *Psychological Bulletin* 141, no. 2 (2015): 261–310, https://doi.org/10.1037/a0038231.

13. Ibid.

14. Ibid.

15. Timothy A. Judge, Beth A. Livingston, and Charlice Hurst, "Do Nice Guys—and Gals—Really Finish Last? The Joint Effects of Sex and Agreeableness on Income," *Journal of Personality and Social Psychology* 102, no. 2 (2012): 390–407, https://doi.org/10.1037/a0026021.

16. Barbara Nevicka et al., "Narcissistic Leaders: An Asset or a Liability? Leader Visibility, Follower Responses, and Group-Level Absenteeism," *Journal of Applied Psychology* 103, no. 7 (2018): 703–723, https://doi.org/10.1037/apl0000298.

17. Virgil Zeigler-Hill et al., "The Dark Triad and Sexual Harassment Proclivity," *Personality and Individual Differences* 89 (2016): 47–54, https://doi.org/10.1016/j.paid.2015.09.048.

18. Nihat Aktas et al., "CEO Narcissism and the Takeover Process: From Private Initiation to Deal Completion," *Journal of Financial and Quantitative Analysis* 51, no. 1 (2016): 113–137, https://doi.org/10.1017/S0022109016000065.

19. Frederick L. Coolidge, Linda L. Thede, and Kerry L Jang, "Heritability of Personality Disorders in Children: A Preliminary Investigation," *Journal of Personality Disorders* 15, no. 1 (2001): 33–40, https://doi.org/10.1521/pedi.15.1.33.18645.

20. Robert D. Hare, "The Predators Among Us," keynote address, Canadian Police Association Annual General Meeting, St. John's, Newfoundland and Labrador, August 27, 2002.

21. Paul Babiak, Craig S. Neumann, and Robert D. Hare, "Corporate Psychopathy: Talking the Walk," *Behavioral Sciences and the Law* 28, no. 2 (2010): 174–193, https://doi.org/10.1002/bsl.925.

22. Australian Psychological Society, "Corporate Psychopaths Common and Can Wreak Havoc in Business, Researcher Says," press release, September 13, 2016, www.psychology.org.au/news/media_releases/13September2016/Brooks.

23. Farah Ali and Tomas Chamorro-Premuzic, "The Dark Side of Love and Life Satisfaction: Associations with Intimate Relationships, Psychopathy and Machiavellianism," *Personality and Individual Differences* 48, no. 2 (2010):

228–233, https://doi.org/10.1016/j.paid.2009.10.016.

24. Farah Ali and Tomas Chamorro-Premuzic, "Investigating Theory of Mind Deficits in Nonclinical Psychopathy and Machiavellianism," *Personality and Individual Differences* 49, no. 3 (2010), https://doi.org/10.1016/j.paid.2010.03.027.

25. Sarah Francis Smith and Scott O. Lilienfeld, "Psychopathy in the Workplace: The Knowns and Unknowns," *Aggression and Violent Behavior* 18, no. 2 (2013): 204–218, https://doi.org/10.1016/j.avb.2012.11.007.

26. NBC News, "Tsunami Hero Arrested in Australia," *NBCNews.com*, January 3, 2005, www.nbcnews.com/id/6783310/ns/world_news-tsunami_a_year_later/t/tsunami-hero-arrestedaustralia/#.W4GNVehKhPY.

27. Sarah Francis Smith et al., "Are Psychopaths and Heroes Twigs Off the Same Branch? Evidence from College, Community, and Presidential Samples," *Journal of Research in Personality* 47, no. 5 (2013): 634–646, https://doi.org/10.1016/j.jrp.2013.05.006.

28. J. E. Rogstad and R. Rogers, "Clinical Psychology Review Gender Differences in Contributions of Emotion to Psychopathy and Antisocial Personality Disorder," *Clinical Psychology Review* 28, no. 8 (2008): 1472–1484, https://doi.org/10.1016/j.cpr.2008.09.004.

29. Serena Borroni et al., "Psychopathy Dimensions, Big Five Traits, and Dispositional Aggression in Adolescence: Issues of Gender Consistency," *Personality and Individual Differences* 66 (2014): 199–203, https://doi.org/10.1016/j.paid.2014.03.019.

30. Ellison M. Cale and Scott O. Lilienfeld, "Sex Differences in Psychopathy and Antisocial Personality Disorder: A Review and Integration," *Clinical Psychology Review* 22 (2002): 1179–1207, https://doi.org/10.1016/S0272-7358(01)00125-8.

31. Aliya Ram and Cynthia O'Murchu, "Cambridge Analytica Chief Accused of Taking $8M Before Collapse," *Financial Times*, June 5, 2018, www.ft.com/content/1c8a5e74-6901-11e8-8cf3-0c230fa67aec.

32. Cynthia Mathieu et al., "Corporate Psychopathy and the Full-Range Leadership Model," *Assessment* 22, no. 3 (2015): 267–278, https://doi.org/10.1177/1073191114545490.

33. Ernest H. O'Boyle et al., "A Meta-Analysis of the Dark Triad and Work Behavior: A Social Exchange Perspective," *Journal of Applied Psychology* 97, no. 3 (2012): 557–579, https://doi.org/10.1037/a0025679.

34. Paul Babiak, Craig S. Neumann, and Robert D. Hare, "Corporate Psychology: Talking the Walk," *Behavioral Sciences and the Law* 28 (2010): 174–193, https://doi.org/10.1002/bsl.925.

35. Cynthia Mathieu et al., "A Dark Side of Leadership: Corporate Psychopathy and Its Influence on Employee Well-Being and Job Satisfaction," *Personality and Individual Differences* 59 (2014): 83–88, https://doi.org/10.1016/j.paid.2013.11.010.

36. O'Boyle et al., "Dark Triad and Work Behavior."

37. Michael Housman and Dylan Minor, "Toxic Workers," working paper 16-047, Harvard Business School, Boston, 2015, 1–29.

38. Diana B. Henriques, "Examining Bernie Madoff, 'The Wizard of Lies,'" *Fresh Air*, NPR, April 26, 2011, www.npr.org/2011/04/26/135706926/examining-bernie-madoff-the-wizard-of-lies.

39. Adrian Furnham, Yasmine Daoud, and Viren Swami, "'How to Spot a Psychopath': Lay Theories of Psychopathy," *Social Psychiatry and Psychiatric Epidemiology* 44, no. 6 (2009): 464–472, https://doi.org/10.1007/s00127-008-0459-1.

40. O'Boyle et al., "Dark Triad and Work Behavior."

41. Cynthia Mathieu and Paul Babiak, "What Are the Effects of Psychopathic Traits in a Supervisor on Employees' Psychological Distress?," *Journal of Organizational Culture, Communications and Conflict* 16, no. 2 (2012): 81–85.

42. Daniel N. Jones and Delroy L. Paulhus, "Introducing the Short Dark Triad (SD3): A Brief Measure of Dark Personality Traits," *Assessment* 21, no. 1 (2013): 28–41, https://doi.org/10.1177/1073191113514105.

43. Jesse Fox and Margaret C. Rooney, "The Dark Triad and Trait Self-Objectification As Predictors of Men's Use and Self-Presentation Behaviors on Social Networking Sites," *Personality and Individual Differences* 76 (2015): 161–165, https://doi.org/10.1016/j.paid.2014.12.017.

44. Johann Endres, "The Language of the Psychopath: Characteristics of Prisoners' Performance in a Sentence Completion Test," *Criminal Behavior and Mental Health* 14, no. 3 (2004): 214–226, https://doi.org/10.1002/cbm.588.

45. Bill Steele, "The Words of Psychopaths Reveal Their Predatory Nature," *Cornell Chronicle*, October 17, 2011, http://news.cornell.edu/stories/2011/10/words-psychopaths-reveal-their-predatory-nature.

第四章

1. Adapted from Linda L. Carli and Alice H. Eagly, "Leadership and Gender," in *The Nature of Leadership*, ed. John Antonakis and David V. Day, 2nd ed. (Thousand Oaks, CA: SAGE, 2012), 437–476.

2. "Behind the Mask of Zara: The Management Style of Amancio Ortega," *Economist*, December 17, 2016, www.economist.com/news/business/21711948-founder-inditex-has-become-worlds-second-richest-man-management-style-amancio.

3. "Self-Made Man. Obituary: Ingvar Kamprad Died on January 27th," *Economist*, February 8, 2018, www.economist.com/news/obituary/21736501-founder-ikea-furniture-empire-was-91-obituary-ingvar-kamprad-died-january-27th.

4. Jena McGregor, "The Rundown on Mary Barra, First Female CEO of General Motors," *Washington Post*, December 10, 2013, www.washingtonpost.com/news/on-leadership/wp/2013/12/10/the-rundown-on-mary-barra-first-female-ceo-of-general-motors/?utm_term=.bf017ee125e3.

5. Joann Muller, "Marry Barra Is Running GM with a Tight Fist and an Urgent Mission," *Forbes*, May 2, 2017, www.forbes.com/sites/joannmuller/2017/05/02/mary-barra-is-running-gm-with-a-tight-fist-and-an-urgent-mission/#784fc0691bdb.

6. Bradley P. Owens and David R. Hekman, "How Does Leader Humility Influence Team Performance? Exploring the Mechanisms of Contagion and Collective Promotion Focus," *Academy of Management Journal* 59, no. 3 (2015): 1088–1111, https://doi.org/10.5465/amj.2013.0660.

7. Margarita Mayo, "If Humble People Make the Best Leaders, Why Do We Fall for Charismatic Narcissists?," *Harvard Business Review*, April 7, 2017, https://hbr.org/2017/04/if-humble-people-make-the-best-leaders-why-do-we-fall-for-charismatic-narcissists?utm_campaign=hbr&utm_source=facebook&utm_medium=social.

8. Mansour Javidan et al., "In the Eye of the Beholder: Cross Cultural Lessons in Leadership from Project GLOBAL," *Academy of Management Perspectives* 20, no. 1 (2006): 6790, https://doi.org/10.5465/AMP.2006.19873410.

9. Konstantin O. Tskhay, Rebecca Zhu, and Nicholas O. Rule, "Perceptions of Charisma from Thin Slices of Behavior Predict Leadership Prototypicality Judgments," *Leadership Quarterly* 28, no. 4 (2017): 555–562, https://doi.

org/10.1016/j.leaqua.2017.03.003.

10. James W. Beck, Alison E. Carr, and Philip T. Walmsley, "What Have You Done for Me Lately? Charisma Attenuates the Decline in U.S. Presidential Approval over Time," *Leadership Quarterly* 23, no. 5 (2012): 934–942, https://doi.org/10.1016/j.leaqua.2012.06.002.

11. Robert Hogan, Gordon J. Curphy, and Joyce Hogan, "What We Know About Leadership," *American Psychologist* (1994): 493–504, https://pdfs.semanticscholar.org/a705/2f29f15cb4c8c637f0dc0b505793b37575d7.pdf.

12. Jay A. Conger, "The Dark Side of Leadership," *Organizational Dynamics* 19, no. 2 (1990): 44–55, https://doi.org/10.1016/0090-2616(90)90070-6.

13. Prasad Balkundi, Martin Kilduff, and David A. Harrison, "Centrality and Charisma: Comparing How Leader Networks and Attributions Affect Team Performance," *Journal of Applied Psychology* 96, no. 6 (2011): 1209–1222, https://doi.org/10.1037/a0024890.

14. Robert B. Kaiser and Wanda T. Wallace, "Gender Bias and Substantive Differences in Ratings of Leadership Behavior: Toward a New Narrative," *Consulting Psychology Journal: Practice and Research* 68, no. 1 (2016): 72–98, https://doi.org/10.1037/cpb0000059.

15. Kevin S. Groves, "Gender Differences in Social and Emotional Skills and Charismatic Leadership," *Journal of Leadership and Organizational Studies* 11, no. 3 (2005): 30–46, https://doi.org/10.1177/107179190501100303.

16. Herminia Ibarra and Otilia Obodaru, "Women and the Vision Thing," *Harvard Business Review*, January 2009, https://hbr.org/2009/01/women-and-the-vision-thing.

17. Ronald J. Deluga, "Relationship Among American Presidential Charismatic Leadership, Narcissism, and Rated Performance," *Leadership Quarterly* 8, no. 1 (1997): 49–65, https://doi.org/10.1016/S1048-9843(97)90030-8.

18. Allen Grabo, Brian R. Spisak, Mark van Vugt, "Charisma As Signal: An Evolutionary Perspective on Charismatic Leadership," *Leadership Quarterly* 2017;28(4): 482, https://doi.org/10.1016/j.leaqua.2017.05.001.

19. Beck, Carr, and Walmsley, "What Have You Done for Me Lately?"

20. Henry L. Tosi et al., "CEO Charisma, Compensation, and Firm Performance," *Leadership Quarterly* 15, no. 3 (2004): 405–420.

第五章

1. ExpovistaTV, *Davos 2018: Jack Ma's Keys to Success: Technology, Women, Peace and Never Complain*, videorecording, published January 24, 2018, www.youtube.com/watch?v=-nSbkywGf-E.

2. Janet S. Hyde, "Gender Similarities and Differences," *Annual Review of Psychology* 65, no. 3 (2014): 1–26, https://doi.org/10.1146/annurev-psych-010213-115057.

3. Janet S. Hyde, "The Gender Similarities Hypothesis," *American Psychologist* 60, no. 6 (2005): 581–592, https://doi.org/10.1037/0003-066X.60.6.581.

4. David I. Miller and Diane F. Halpern, "The New Science of Cognitive Sex Differences," *Trends in Cognitive Sciences* 18, no. 1 (2014): 37–45, https://doi.org/10.1016/j.tics.2013.10.011.

5. Alice H. Eagly, Mary C. Johannesen-Schmidt, and Marloes L. van Engen, "Transformational, Transactional, and Laissez-Faire Leadership Styles: A Meta-Analysis Comparing Women and Men," *Psychological Bulletin* 129, no. 4 (2003): 569–591.

6. Rong Su, James Rounds, and Patrick I. Armstrong, "Men and Things, Women and People: A Meta-Analysis of Sex Differences in Interests," *Psychological Bulletin* 135, no. 6 (2009): 859–884, https://doi.org/10.1037/a0017364.

7. James Damore, "Google's Ideological Echo Chamber: How Bias Clouds Our Thinking About Diversity and Inclusion," internal memo to Google personnel, July 2017, cited in Louise Matsakis, Jason Koebler, and Sarah Emerson, "Here Are the Citations for the Anti-Diversity Manifesto Circulating at Google," *Motherboard*, updated August 7, 2017, https://motherboard.vice.com/en_us/article/evzjww/here-are-the-citations-for-the-anti-diversity-manifestocirculating-at-google.

8. Robert Hogan, Tomas Chamorro-Premuzic, and Robert B. Kaiser, "Employability and Career Success: Bridging the Gap Between Theory and Reality," *Industrial and Organizational Psychology* 6, no. 1 (2013): 3–16, https://doi.org/10.1111/iops.12001.

9. Reece Akhtar et al., "The Engageable Personality: Personality and Trait EI As Predictors of Work Engagement," *Personality and Individual Differences* 73 (2015): 44–49, https://doi.org/10.1016/j.paid.2014.08.040.

10. Simon Baron-Cohen et al., "The Autism-Spectrum Quotient (AQ): Evidence from Asperger Syndrome/High-Functioning Autism, Males and Fe-

males, Scientists and Mathematicians," *Journal of Autism and Developmental Disorders* 31, no. 1 (2001): 5–17, https://doi.org/10.1023/A:1005653411471.

11. Dana L. Joseph and Daniel A. Newman, "Emotional Intelligence: An Integrative Meta-Analysis and Cascading Model," *Journal of Applied Psychology* 95, no. 1 (2010): 54–78, https://doi.org/10.1037/a0017286.

12. YoungHee Hur, Peter T. van den Berg, and Celeste P. M. Wilderom, "Transformational Leadership As a Mediator Between Emotional Intelligence and Team Outcomes," *Leadership Quarterly* 22, no. 4 (2011): 591–603, https://doi.org/10.1016/j.leaqua.2011.05.002.

13. Ibid.

14. Jill E. Rogstad and Richard Rogers, "Clinical Psychology Review Gender Differences in Contributions of Emotion to Psychopathy and Antisocial Personality Disorder," *Clinical Psychology Review* 28, no. 8 (2008): 1472–1484, https://doi.org/10.1016/j.cpr.2008.09.004.

15. Sheryl Sandberg and Adam Grant, *Option B: Facing Adversity, Building Resilience, and Finding Joy* (New York: Alfred A. Knopf, 2017).

16. Sarah Green Carmichael, "Sheryl Sandberg and Adam Grant on Resilience," *Harvard Business Review*, April 27, 2017, https://hbr.org/ideacast/2017/04/sheryl-sandberg-and-adam-grant-on-resilience.

17. Velmer S. Burton Jr., et al., "Gender, Self-Control, and Crime," *Journal of Research in Crime and Delinquency* 35, no. 2 (1998): 123–147, doi:10.1177/0022427898035002001.

18. Sylvia Ann Hewlett, "Women on Boards: America Is Falling Behind," *Harvard Business Review*, May 3, 2011, https://hbr.org/2011/05/women-on-boards-america.

19. Sari M. van Anders, Jeffrey Steiger, and Katherine L. Goldey, "Effects of Gendered Behavior on Testosterone in Women and Men," *Proceedings of the National Academy of Sciences of the United States of America* 112, no. 45 (2015): 13805–13810, https://doi.org/10.1073/pnas.1509591112.

20. Clive Fletcher, "The Implications of Research on Gender Differences in Self-Assessment and 360 Degree Appraisal," *Human Resource Management Journal* 9, no. 1 (1999): 39–46, https://doi.org/10.1111/j.1748-8583.1999.tb00187.x.

第六章

1. See https://en.wikipedia.org/wiki/List_of_best-selling_books.

2. Amanda H. Goodall, Lawrence M. Kahn, and Andrew J. Oswald, "Why Do Leaders Matter? A Study of Expert Knowledge in a Superstar Setting," *Journal of Economic Behavior and Organization* 77, no. 3 (2011): 265–284, https://doi.org/10.1016/j.jebo.2010.11.001; Amanda H. Goodall and Ganna Pogrebna, "Expert Leaders in a Fast-Moving Environment," *Leadership Quarterly* 26, no. 2 (2015): 123–142, https://doi.org/10.1016/j.leaqua.2014.07.009.

3. Amanda H. Goodall, "Highly Cited Leaders and the Performance of Research Universities," *Research Policy* 38, no. 7 (2009): 1079–1092, https://doi.org/10.1016/j.respol.2009.04.00.

4. Benjamin Artz, Amanda H. Goodall, and Andrew J. Oswald, "If Your Boss Could Do Your Job, You're More Likely to Be Happy at Work," *Harvard Business Review*, December 29, 2016, https://hbr.org/2016/12/if-your-boss-could-do-your-job-youre-more-likely-to-be-happy-at-work.

5. Thomas W. H. Ng and Daniel C. Feldman, "How Broadly Does Education Contribute to Job Performance?," *Personnel Psychology* 62 (2009): 89–134, https://doi.org/10.1111/j.1744-6570.2008.01130.x.

6. Prasad Balkundi and Martin Kilduff, "The Ties That Lead: A Social Network Approach to Leadership," *Leadership Quarterly* 17, no. 4 (2006): 419–439.

7. Dimitrios C. Christopoulos, "The Impact of Social Networks on Leadership Behaviour," *Methodological Innovations* 9 (2016): 1–15, https://doi.org/10.1177/2059799116630649.

8. Frank L. Schmidt, In-Sue Oh, and Jonathan A. Shaffer, "The Validity and Utility of Selection Methods in Personnel Psychology: Practical and Theoretical Implications of 100 Years of Research Findings," working paper, October 2016, https://home.ubalt.edu/tmitch/645/articles/2016-100%20Yrs%20Working%20Paper%20for%20Research%20Gate%2010-17.pdf.

9. Matthew Stewart, "The 9.9 Percent Is the New American Aristocracy," *Atlantic*, June 2018, www.theatlantic.com/magazine/archive/2018/06/the-birth-of-a-new-american-aristocracy/559130.

10. Lauren Leatherby, "US Social Mobility Gap Continues to Widen," *Financial Times*, December 16, 2016, www.ft.com/content/7de9165e-c3d2-11e6-

9bca-2b93a6856354.
11. Tomas Chamorro-Premuzic, *The Talent Delusion: Why Data, Not Intuition, Is the Key to Unlocking Human Potential* (London: Piatkus, 2017).
12. Timothy A. Judge et al., "Personality and Leadership: A Qualitative and Quantitative Review," *Journal of Applied Psychology* 87, no. 4 (2002): 765–780, https://doi.org/10.1037//0021-9010.87.4.765.
13. Timothy A. Judge, Amy E. Colbert, and Remus Ilies, "Intelligence and Leadership: A Quantitative Review and Test of Theoretical Propositions," *Journal of Applied Psychology* 89, no. 3 (2004): 542–552, doi: 10.1037/0021-9010.89.3.542.
14. 念のため記しておくが、私はホーガンのCEOを務めた経験があり、現在も同社と密接な関係がある。
15. Robert Hogan and Tomas Chamorro-Premuzic, "Personality and the Laws of History," in *The Wiley-Blackwell Handbook of Individual Differences*, ed. Tomas Chamorro-Premuzic, Sophie von Stumm, and Adrian Furnham (Hoboken, NJ: WileyBlackwell, 2011), 491–511, https://doi.org/10.1002/9781444343120.ch18.
16. Geert Hofstede, Gert Jan Hofstede, and Michael Minkov, *Cultures and Organizations: Software of the Mind*, 3rd ed. (New York:McGraw-Hill, 2010).
17. A great free resource to compare country norms can be found at Hofstede Insights, "Compare Countries," accessed September 9, 2018, www.hofstede-insights.com/product/compare-countries.

第七章

1. Tomas Chamorro-Premuzic and Gillian Pillans, "Assessing Potential: From Academic Theories to Practical Realities," *Corporate Research Forum* (2016): 1–5.
2. Naomi Ellemers, "Gender Stereotypes," *Annual Review of Psychology* 69 (2018): 275–298.
3. Karen S. Lyness and Angela R. Grotto, "Women and Leadership in the United States: Are We Closing the Gender Gap?," *Annual Review of Organizational Psychology and Organizational Behavior* 5 (2018): 227–265, https://doi.org/10.1146/annurev-orgpsych-032117-104739.
4. https://onlinelibrary.wiley.com/doi/abs/10.1111/peps.12052
5. Frank L. Schmidt and John E. Hunter, "The Validity and Utility of

Selection Methods in Personnel Psychology: Practical and Theoretical Implications of 85 Years of Research Findings," *Psychological Bulletin* 124, no. 2 (1998): 262–274, https://doi.org/10.1037/0033-2909.124.2.262.

6. Ryan J. Giuliano and Nicole Y. Wicha, "Why the White Bear Is Still There: Electrophysiological Evidence for Ironic Semantic Activation During Thought Suppression," *Brain Research* 1316 (2010): 62–74, https://doi.org/10.1016/j.brainres.2009.12.041.

7. G. L. Stewart et al., "Exploring the Handshake in Employment Interviews," *Journal of Applied Psychology* 93, no. 5 (2008): 1139–1146, https://doi.org/10.1037/0021-9010.93.5.1139.

8. Iris Bohnet, "How to Take the Bias Out of Interviews," *Harvard Business Review*, April 18, 2016, https://hbr.org/2016/04/how-to-take-the-bias-out-of-interviews.

9. Neal Schmitt, "Personality and Cognitive Ability as Predictors of Effective Performance at Work," *Annual Review of Organizational Psychology and Organizational Behavior* 1, no. 1 (2013): 45–65, https://doi.org/10.1146/annurev-orgpsych-031413-091255.

10. Tomas Chamorro-Premuzic and Adran Furhnam, "Intellectual Competence and the Intelligent Personality: A Third Way in Differential Psychology," *Review of General Psychology* 10, no. 3 (2006): 251–267, https://doi.org/10.1037/1089-2680.10.3.251.

11. Benjamin Schneider, Mark G. Ehrhart, and William H. Macey, "Organizational Climate and Culture," *Annual Review of Psychology* 65 (2013): 361–388, https://doi.org/10.1146/annurev-psych-113011-143809.

12. Jasmine Vergauwe et al., "The Too Little/Too Much Scale: A New Rating Format for Detecting Curvilinear Effects," *Organizational Research Methods* 20, no. 3 (2017): 518–544, https://doi.org/10.1177/1094428117706534.

13. Tomas Chamorro-Premuzic et al., "The Datafication of Talent: How Technology Is Advancing the Science of Human Potential at Work," *Current Opinion in Behavioral Sciences* 18 (2017): 13–16, https://doi.org/10.1016/j.cobeha.2017.04.007.

14. Stephen Turban, Laura Freeman, and Ben Waber, "A Study Used Sensors to Show That Men and Women Are Treated Differently at Work," *Harvard Business Review*, October 23, 2017, https://hbr.org/2017/10/a-study-used-sensors-to-show-that-men-and-women-are-treated-differently-at-work.

15. Reece Akhtar and Soong Moon Kang, "The Role of Personality and So-

cial Capital on Intrapreneurial Achievement," *Academy of Management Proceedings* 2016, no. 1 (2017), https://doi.org/10.5465/ambpp.2016.16763abstract.

第八章

1. David V. Day and Lisa Dragoni, "Leadership Development: An Outcome-Oriented Review Based on Time and Levels of Analyses," *Annual Review of Organizational Psychology and Organizational Behavior* 2 (2015): 133–156, https://doi.org/10.1146/annurev-orgpsych-032414-111328.

2. Michael Beer, Magnus Finnstrom, and Derek Schrader, "Why Leadership Training Fails—and What to Do About It," *Harvard Business Review*, October 2016, https://hbr.org/2016/10/why-leadership-training-fails-and-what-to-do-about-it.

3. Tim Theeboom, Bianca Beersma, and Annelies E. M. van Vianen, "Does Coaching Work? A Meta-Analysis on the Effects of Coaching on Individual Level Outcomes in an Organizational Context," *Journal of Positive Psychology* 9 (2014): 1–18, https://doi.org/10.1080/17439760.2013.837499.

4. Doris B. Collins and Elwood F. Holton III, "The Effectiveness of Managerial Leadership Development Programs: A Meta-Analysis of Studies from 1982 to 2001," *Human Resource Development Quarterly* 15, no. 2 (2004): 217–248, https://doi.org/10.1002/hrdq.1099.

5. Avraham Kluger and Angelo DeNisi, "The Effects of Feedback Interventions on Performance: A Historical Review, a Meta-Analysis, and a Preliminary Feedback Intervention Theory," *Psychological Bulletin* 119, no. 2 (1996): 254–284, https://doi.org/10.1037/0033-2909.119.2.254.

6. Robert B. Kaiser and Cordy Curphy, "Leadership Development: The Failure of an Industry and the Opportunity for Consulting Psychologists," *Consulting Psychology Journal: Practice and Research* 65, no. 4 (2013): 294–302, https://doi.org/10.1037/a0035460.

7. Sorel Cahan and Nora Cohen, "Age Versus Schooling Effects on Intelligence Development," *Child Development* 60, no. 5 (1989): 1239–1249, https://doi.org/10.2307/1130797.

8. Ian J. Deary et al., "Genetic Contributions to Stability and Change in Intelligence from Childhood to Old Age," *Nature* 482 (February 9, 2012): 212–215, https://doi.org/10.1038/nature10781.

9. James M. Olson et al., "The Heritability of Attitudes: A Study of Twins,"

Journal of Personality and Social Psychology 80, no. 6 (2001):845–846, https://doi.org/10.1037/0022-3514.80.6.845.

10. Richard D. Arvey et al., "The Determinants of Leadership Role Occupancy: Genetic and Personality Factors," *Leadership Quarterly* 17, no. 1 (2006): 1–20, https://doi.org/10.1016/j.leaqua.2005.10.009.

11. Ibid.

12. Brooke N. Macnamara, David Z. Hambrick, and Frederick L. Oswald, "Deliberate Practice and Performance in Music, Games, Sports, Education, and Professions: A Meta-Analysis," *Psychological Science* 25, no. 8 (2014): 1608–1618, https://doi.org/10.1177/0956797614535810.

13. Timothy A. Judge et al., "Personality and Leadership: A Qualitative and Quantitative Review," *Journal of Applied Psychology* 87, no. 4 (2002): 765–780, https://doi.org/10.1037/0021-9010.87.4.765.

14. Ian D. Gow et al, "CEO Personality and Firm Policies," NBER Working Paper Series, no. 22435, July 2016, https://www.hbs.edu/faculty/Pages/item.aspx?num=50477.

15. Douglas T. Hall, Karen L. Otazo, and George P. Hollenbeck, "Behind Closed Doors: What Really Happens in Executive Coaching," *Organ Dynamics* 27, no. 3 (1999): 39–53, https://doi.org/10.1016/S0090-2616(99)90020-7.

16. Erik de Haan, Vicki Culpin, and Judy Curd, "Executive Coaching in Practice: What Determines Helpfulness for Clients of Coaching?," *Personnel Review* 40, no. 1 (2011): 24–4, https://doi.org/10.1108/00483481111095500.

17. Katherine Ely et al., "Evaluating Leadership Coaching: A Review and Integrated Framework," *Leadership Quarterly* 21, no. 4 (2010): 585–599, https://doi.org/10.1016/j.leaqua.2010.06.003.

18. Theeboom, Beersma, and van Vianen, "Does Coaching Work?"

19. Tammi R. A. Kral et al., "Neural Correlates of Video Game Empathy Training in Adolescents: A Randomized Trial," *NPJ Science of Learning* 3, no. 13 (2018), https://doi.org/10.1038/s41539-018-0029-6.

20. Andrew Butler et al., "The Empirical Status of Cognitive-Behavioral Therapy: A Review of Meta-Analyses," *Clinical Psychology Review* 26, no. 1 (2006): 17–31, https://doi.org/10.1016/j.cpr.2005.07.003.

21. Tom Rath, *StrengthsFinder 2.0 from Gallup: Discover Your CliftonStrengths* (New York: Gallup Press, 2016).

22. Kluger and Angelo, "Effects of Feedback Interventions."

23. Allan H. Church et al., "The Role of Personality in Organization Devel-

opment: A Multi-Level Framework for Applying Personality to Individual, Team, and Organizational Change," in *Research in Organizational Change and Development*, ed. Abraham B. (Rami) Shani and Debra A. Noumair, vol. 23 (Bingley, UK: Emerald Group Publishing, 2015), 91–166, https://doi.org/10.1108/S0897-301620150000023003.

24. Sheila Kampa-Kokesch and Mary Z. Anderson, "Executive Coaching: A Comprehensive Review of the Literature," *Consulting Psychology Journal: Practice and Research* 53, no. 4 (2001): 205–228, https://doi.org/10.1037/1061-4087.53.4.205.

25. James W. Smither et al., "Can Working with an Executive Coach Improve Multisource Feedback Ratings Over Time? A Quasi- Experimental Field Study," *Personnel Psychology* 56 (2003): 23–44, https://doi.org/10.1111/j.1744-6570.2003.tb00142.x.

26. Dan Ariely, *Predictably Irrational: The Hidden Forces That Shape Our Decisions* (New York: Harper, 2008), 294.

27. Janet Polivy and C. Peter Herman, "The False-Hope Syndrome: Unfulfilled Expectations of Self-Change," *Current Directions in Psychological Science* 9, no. 4 (2000): 128–131, https://doi.org/10.1111/1467-8721.00076.

28. Nathan W. Hudson and R. Chris Fraley, "Do People's Desires to Change Their Personality Traits Vary with Age? An Examination of Trait Change Goals Across Adulthood," *Social Psychology and Personality Science* 7, no. 8 (2016): 847–858, https://doi.org/10.1177/1948550616657598.

29. J. A. Dennisen, Marcel A. G. van Aken, and Brent W. Roberts, "Personality Development Across the Life Span," in *The Wiley-Blackwell Handbook of Individual Differences*, ed. Tomas Chamorro-Premuzic, Sophie von Stumm, and Adrian Furnham (Hoboken, NJ: WileyBlackwell, 2011).

30. Zig Ziglar, *See You at the Top, Twenty-Fifth Anniversary Edition*, 2nd rev. ed. (Gretna, LA: Pelican Publishing, 2005), 164.

31. Frederick Anseel et al., "How Are We Doing After 30 Years? A Meta-Analytic Review of the Antecedents and Outcomes of Feedback-Seeking Behavior," *Journal of Management* 41, no. 1 (2015), https://doi.org/10.1177/0149206313484521.

第九章

1. Timothy A. Judge, Ronald F. Piccolo, and Tomek Kosalka, "The Bright and Dark Sides of Leader Traits: A Review and Theoretical Extension of the Leader Trait Paradigm," *Leadership Quarterly* 20, no. 6 (2009): 855–875, https://doi.org/10.1016/j.leaqua.2009.09.004.

2. Timothy A. Judge and Daniel M. Cable, "The Effect of Physical Height on Workplace Success and Income: Preliminary Test of a Theoretical Model," *Journal of Applied Psychology* 89, no. 3 (2004): 428–441, https://doi.org/10.1037/0021-9010.89.3.428.

3. Elaine M. Wong, Margaret E. Ormiston, and Michael P. Haselhuhn, "A Face Only an Investor Could Love: CEOs' Facial Structure Predicts Their Firms' Financial Performance," *Psychological Science* 22, no. 12 (2011): 1478–1483, https://doi.org/10.1177/0956797611418838.

4. Robert Hogan and Tomas Chamorro-Premuzic, "Personality and the Laws of History," in *The Wiley-Blackwell Handbook of Individual Differences*, ed. Tomas Chamorro-Premuzic, Sophie von Stumm, and Adrian Furnham (Hoboken, NJ: WileyBlackwell, 2011), 491–511, https://doi.org/10.1002/9781444343120.ch18.

5. Wendy Wood and Alice H. Eagly, "Biosocial Construction of Sex Differences and Similarities in Behavior," in *Advances in Experimental Social Psychology*, ed. James M. Olson and Mark P. Zanna, vol. 46 (Amsterdam: Elsevier/Academic Press, 2012), https://doi.org/10.1016/B978-0-12-394281-4.00002-7.

6. Emilio J. Castilla and Stephen Bernard, "The Paradox of Meritocracy in Organizations," *Administrative Science Quarterly* 55 (2010): 543–576, available at *DSpace@MIT*, MIT Open Access Articles, December 2012, https://dspace.mit.edu/handle/1721.1/65884.

7. Stephen Benard, "Why His Merit Raise Is Bigger Than Hers," *Harvard Business Review*, April 2012, https://hbr.org/2012/04/why-his-merit-raise-is-bigger-than-hers.

8. Sheelah Kolhatkar, "At Uber, a New C.E.O. Shifts Gears," *New Yorker*, April 9, 2018, www.newyorker.com/magazine/2018/04/09/at-uber-a-new-ceo-shifts-gears.

9. Frank Dobbin and Jiwook Jung, "Corporate Board Gender Diversity and Stock Performance: The Competence Gap or Institutional Investor Bias?," *North Carolina Law Review* 89 (2011): 809–838.

10. Ron Suskind は "Faith, Certainty and the Presidency of George W. Bush," New York Times Magazine, October 17, 2004, www.nytimes.com/2004/10/17/magazine/faith-certainty-and-the-presidency-of-george-w-bush.html のなかで、「ブッシュ大統領の上級補佐官」の発言としているが、氏名は明らかにしていない。Mark Danner は "Words in a Time of War: On Rhetoric, Truth and Power," Mark Danner (blog), November 2007, www.markdanner.com/articles/words-in-a-time-of-war-on-rhetoric-truth-and-power, でカール・ローヴの発言としている。しかし Zach Schonfeld は "The Curious Case of a Supposed Karl Rove Quote Used on the National's New Album 'Sleep Well Beast,'" Newsweek, September 8, 2017, www.newsweek.com/national-sleep-well-beast-karl-rove-662307, のなかで、カール・ローヴは発言を否定したと伝えている。

11. Alice H. Eagly, "When Passionate Advocates Meet Research on Diversity, Does the Honest Broker Stand a Chance?," *Journal of Social Issues* 72, no. 1 (2016): 199–222, https://doi.org/10.1111/josi.12163.

12. Renee B. Adams and Daniel Ferreira, "Women in the Boardroom and Their Impact on Governance and Performance," *Journal of Financial Economics* 94, no. 2 (2009): 291–309, https://doi.org/10.1016/j.jfineco.2008.10.007.

13. Victor E. Sojo et al., "Reporting Requirements, Targets, and Quotas for Women in Leadership," *Leadership Quarterly* 27, no. 3 (2016): 519–536, https://doi.org/10.1016/j.leaqua.2015.12.003.

14. "Labour Laws in 104 Countries Reserve Some Jobs for Men Only," *Economist*, May 26, 2018, www.economist.com/finance-and-economics/2018/05/26/labour-laws-in-104-countries-reserve-some-jobs-for-men-only.

15. "Closing the Gender Gap," *World Economic Forum*, 2018, www.weforum.org/projects/closing-the-gender-gap-gender-parity-task-forces.

【訳者略歴】
藤井留美（ふじい・るみ）
翻訳家。訳書にアニル・アナンサスワーミー『私はすでに死んでいる』（紀伊國屋書店）、エイミー・パーディ他『義足でダンス』（辰巳出版）、ポール・マカランダン『求むマエストロ。瓦礫の国の少女より』（アルテスパブリッシング）、アラン・ピーズ＋バーバラ・ピーズ『話を聞かない男、地図が読めない女』（主婦の友社）ほか多数。

なぜ、「あんな男」ばかりがリーダーになるのか
傲慢と過信が評価される組織心理

2020年5月10日　初版第1刷発行

著　者　トマス・チャモロ＝プリミュジック
訳　者　藤井留美
発行者　岩野裕一
発行所　株式会社実業之日本社
〒107-0062
東京都港区南青山5-4-30
CoSTUME NATIONAL Aoyama Complex 2F
電話　03-6809-0452（編集）
03-6809-0495（販売）

ホームページ　https://www.j-n.co.jp/
印刷・製本　大日本印刷株式会社

ISBN 978-4-408-33908-5（編集本部）